DIETRICH BONHOEFFER

Ist dein König nicht bei dir?

Dietrich Bonhoeffer

Ist dein König nicht bei dir?

*Bibelarbeiten und Predigten
an Wendepunkten*

Herausgegeben und mit einer Einführung versehen
von Peter Zimmerling

BRUNNEN
Verlag GmbH · Giessen

Bibelzitate entsprechen der von Bonhoeffer verwendeten Fassung bzw. dort, wo Bonhoeffer den Predigttext nicht mitgegeben hatte, der Lutherbibel 1912.
Die Rechtschreibung wurde aktualisiert und offensichtliche Fehler korrigiert, Zeichensetzung wurde weitestgehend beibehalten.

Die hier abgedruckten Texte finden sich auch in der Dietrich Bonhoeffer Werkausgabe (DBW), Gütersloh 1886-1999:
Biblische Besinnung: Der Morgen: DBW 14,871-873 ;„Ich bin der Herr, dein Arzt": DBW 16, 501-505; König David: DBW 14, 878-904; Der Wiederaufbau Jerusalems nach Esra und Nehemia: DBW 14, 930-945; „Führe uns nicht in Versuchung": DBW 15, 371-406; Der Diener am Hause Gottes: DBW 14, 954-969; Von der Dankbarkeit des Christen: DBW 16, 490-493; Trauerfeier für Julie Bonhoeffer: DBW 14, 920-925; Frühe Vollendung: Trauerfeier für Hans-Friedrich von Kleist-Retzow: DBW 16, 644-648; Beichtansprache: Ist der König nicht bei dir?: DBW 15, 483-485; Konfirmationsansprache: Glauben lernen: DBW 15, 476-481; Abendmahlsansprache: Zur Siegesfeier geladen: DBW 15, 488-491; Traupredigt: Dankbar in allen Dingen: DBW 14, 926-929; Traupredigt: Liebe als Gebot Christi: DBW 14, 56-58; Alle Herrschaft auf den Schultern des Kindes: DBW 16, 633-639; Das Kreuz über der Krippe: DBW 15, 492-498; Der gute Hirte und seine Gemeinde: DBW 15, 560-564; Der Tröster, sein Werk und seine Gaben: DBW 15, 565-571; Auf dem Wege zu den Menschen nicht mehr aufzuhalten: DBW 15, 554-559.

© 2020 Brunnen Verlag GmbH, Gießen
Umschlagfoto: Shutterstock
Umschlaggestaltung: Celia Friedland
Satz: DTP Brunnen
Druck: GGP media GmbH, Pößneck
ISBN Buch: 978-3-7655-0745-8
ISBN E-Book: 978-3-7655-7564-8
www.brunnen-verlag.de

Inhalt

Zu dieser Ausgabe

Dietrich Bonhoeffer wurde am 9. April 1945 von den Nazis hingerichtet. 2015 waren es 70 Jahre, dass dieses Verbrechen geschah. Nach 70 Jahren werden die Bücher und Texte eines Verstorbenen „rechtefrei". Das schien dem Brunnen Verlag und mir eine gute Gelegenheit, zunächst vier Bücher Bonhoeffers neu herauszugeben: „Das Gebetbuch der Bibel", „Gemeinsames Leben", „Nachfolge", „Schöpfung und Fall". Durch sie ist er schon zu Lebzeiten einer größeren Lesergemeinde bekannt geworden.

Die gute Aufnahme der vier Bände, von denen zum Teil bereits wieder eine Neuauflage nötig wurde, hat uns bewogen, die Reihe fortzusetzen. Den Anfang machte 2018 ein Band unter dem Titel „Aber bei dir ist Licht" mit Gebeten, Gedichten und Gedanken Bonhoeffers aus der Zeit seiner Inhaftierung durch die Nazis. Ein weiterer Band „Du wartest jede Stunde mit mir" mit seinen Briefen aus dem Gefängnis an die Eltern, die Verlobte Maria von Wedemeyer und den Freund und theologischen Gesprächspartner Eberhard Bethge folgte 2019.

Anfang 2020 wurde ein erster Band mit einer repräsentativen Auswahl von Predigten Dietrich Bonhoeffers veröffentlicht. Der vorliegende Band enthält nun speziell Bibelarbeiten, Kasualpredigten und Predigtmeditationen aus den Jahren 1925 bis 1941. Die Auslegungen und Predigten aus der Gefängniszeit sind bereits in den beiden vorausgegangenen Bänden zusammen mit den anderen Briefen und Texten aus der Haft veröffentlicht worden.

Zu danken habe ich wieder Frau Margitta Berndt (Herrnhut) und meinem Mitarbeiter Herrn stud. theol. Daniel Lechner für das sorgfältige Korrekturlesen.

Leipzig, im Frühjahr 2020   *Peter Zimmerling*

Einführung
von Peter Zimmerling

1. Allgemeines

Die im vorliegenden Band abgedruckten Bibelarbeiten[1] u. a. über den Morgen, über David, über Esra und Nehemia, über das Thema Versuchung, über Timotheus und über die Dankbarkeit sind außer durch ihre Länge und ihren Ort kaum von Predigten zu unterscheiden. Im Vordergrund stand hier wie dort die Beschäftigung mit dem Bibeltext. Auf Rüstzeiten für die ehemaligen Finkenwalder Seminaristen gehalten, bilden sie den Nährboden für deren Predigtpraxis. Der Begriff „Bibelarbeit" wurde zuerst 1919 verwendet, fast zeitgleich mit der Entstehung der Weimarer Republik, der ersten parlamentarischen Demokratie in Deutschland. Der Begriff betonte das gemeinschaftliche Studium der Bibel. Es ging damals in den evangelischen Jugendverbänden darum, Umgangsformen mit der Bibel zu entwickeln, „die ein aktives Mitdenken, Mitreden und Mitwirken der Jugendlichen fördern und ihre Lebenswelt bewusst in das Gespräch mit dem Bibeltext einzubeziehen".[2] Die Bekennende Kirche griff dieses Anliegen eineinhalb Jahrzehnte später in der Auseinandersetzung mit den Deutschen Christen auf und übertrug es auf alle Gemeindeglieder. Auch Bonhoeffer war der Meinung, dass alle kirchliche Arbeit zunächst das Ziel haben muss, den Gemeinden wieder die Bibel nahezubringen: „Es geht uns dabei hauptsächlich darum, dass in den Häusern wieder die Bibel gelesen und gebetet wird."[3]

Die Kasualpredigten, gehalten anlässlich von Abendmahlsfeiern, Konfirmationen, Trauungen und Trauerfeiern, stammen aus sämtlichen Lebensphasen Bonhoeffers. Sie zeigen, dass er in den Predigten die im Mittelpunkt stehenden Personen und die Besonderheit der Situation berücksichtigte. Das Evangelium sollte zum spezifischen Anlass im Gespräch mit den betroffenen Personen zur Geltung gebracht werden. Bonhoeffer ist durchaus in der Lage, den einzelnen Menschen in der anlassbezogenen Predigt zu würdigen – anders als manche andere Schüler Karl Barths, die über dem ewig gültigen Evangelium vergaßen, dass dieses in der sich wandelnden Wirklichkeit zünden muss, um bei Hörerinnen und Hörern anzukommen.

Am Ende der Zeit der illegalen Theologenausbildung verfasste Bonhoeffer auch eine Reihe homiletischer Auftragsarbeiten, u. a. eine Lesepredigt und vier Predigtmeditationen. Es war etwas Neues für Bonhoeffer, Predigten bzw. Predigthilfen zu veröffentlichen. Ursprünglich war er der Überzeugung, dass jeder Prediger ausschließlich das ihm unmittelbar durch eigene Exegese und Meditation erschlossene Wort Gottes predigen sollte. Aufgrund der besonderen Zeitumstände, gekennzeichnet von Krieg und vielen Vakanzen (viele Pfarrer waren eingezogen), hat er nach anfänglichem Zögern diese Ansicht revidiert und mit großem Engagement die Hilfen zur Predigt erstellt. Diese Predigtmeditationen sollten weniger pragmatische Hilfe zur Erarbeitung der eigenen Predigt geben, als vielmehr den Predigern helfen, selber unmittelbar auf das biblische Wort zu hören.[4]

In den folgenden Überlegungen möchte ich mich auf Bonhoeffers Predigtlehre konzentrieren, die er in seiner Zeit als Predigerseminardirektor den Vikaren vermittelte. Im Hinblick auf Forschungsgeschichte, Quellenlage, Eigenart, Inhalt und Bedeutung der Predigten Bonhoeffers für heute verweise ich auf meine Einführung im ersten Band der Predigten „Bleibt der Erde treu. Ausgewählte Predigten" (Gießen 2020). Als Direktor des Predigerseminars der

Bekennenden Kirche in Finkenwalde bei Stettin hatte er seine Vikare zunächst ganz praktisch darin zu unterrichten, wie eine Predigt anzufertigen und vor einer Gemeinde zu halten war. Zusätzlich hielt er in jedem Vikarskurs auch eine Homiletikvorlesung, in der neben der Praxis des Predigens die Theorie der Predigt thematisiert wurde.

2. Die Finkenwalder Homiletikvorlesung: Gemeinsames Leben und Nachfolge als spiritueller Rahmen[5]

Die Predigtarbeit in Finkenwalde insgesamt und damit auch die theoretische Predigtlehre erwuchsen aus dem gemeinsamen Leben in Predigerseminar und Bruderhaus in Finkenwalde mit seiner spezifischen geistlichen Lebensordnung. Zentrale Punkte des gemeinsamen Lebens waren das tägliche persönliche Bibellesen – die Meditation anhand der Meditationstexte, die für alle verbindlich waren –, Gebet und Fürbitte füreinander, Morgen- und Abendandachten und die theologisch-wissenschaftliche Arbeit. Im gemeinsamen Leben sollte jeder Vikar die persönliche Nachfolge Jesu Christi nach der Bergpredigt einüben. Indem die Weisungen der Bergpredigt im Alltag befolgt werden sollten, erhielten die Worte der Bibel eine so vorher unbekannte Autorität.

Bonhoeffer ging davon aus, dass das Ankommen der christlichen Botschaft nicht von der gelingenden Anknüpfung der Predigt an eine vorgefundene Situation abhing, sondern primär vom Gehorsam des Hörers. Er brach dadurch mit dem Ansatz der liberalen Homiletik beim Hörer.

Sein Herz schlug eben nicht bei Methoden zur Kommunikation und bei gewissen Bemühungen

um „Vergegenwärtigung". Diese standen für ihn
deutlich in zweiter Linie gegenüber Sachfragen
und Überlegungen zur Ermächtigung der Träger
dieser Sache. Nicht, wie sage ich es weiter, sondern
was sage ich und wer sagt – das interessierte ihn
vornehmlich, wenn er die Wie-Frage zuzeiten nicht
sogar für täuscherisch und verderblich hielt.[6]

O-Ton Bonhoeffer: „Wo aber die Frage nach der Vergegenwärtigung zum *Thema der Theologie wird,* dort können wir
gewiss sein, dass die Sache bereits verraten und verkauft ist".[7]
Die Stärke des homiletischen Ansatzes von Bonhoeffers
Predigtlehre beim Wort Gottes – von seinem Lehrer Karl
Barth übernommen – bestand darin, dass der Hörer nicht nur
die deutschchristliche Irrlehre zu durchschauen vermochte,
sondern auch einen Zugewinn an Wirklichkeit erfuhr. Wenn
der Hörer gehorchte, wurde ihm der Weg in eine völlig neue
Wirklichkeit, in den Raum des Glaubens und der Nachfolge,
eröffnet. Im Vordergrund der Predigt stand für Bonhoeffer
deshalb die dringliche Einladung zum Gehorsam gegenüber
dem Evangelium. „[...] *nur der Gehorsame glaubt".*[8] Das
Wort Gottes besaß die Kraft, dem Menschen ein neues Leben
zu erschließen, das gegenüber dem Dritten Reich und seinen
Illusionen ein revolutionäres Kontrastprogramm darstellte.

3. Zum Inhalt der Predigtlehre[9]

Die Predigt ist für Bonhoeffer motiviert durch den Auftrag
Jesu Christi, konzentriert auf Bibelwort und Nachfolge und
orientiert am Aufbau von Kirche. Unter der Überschrift
„Wie entsteht eine Predigt?" gibt Bonhoeffer sehr konkret
einzelne Schritte auf dem Weg vom Bibeltext zur Predigt

vor: Am Anfang der Ausarbeitung jeder Predigt steht das Gebet. Dieses ist für die Predigtvorbereitung unerlässlich, weil die Predigt nicht die Aufgabe hat, eigene Gedanken des Predigers weiterzugeben, sondern darin Gott selbst zu Wort kommen soll. Darauf folgt die Meditation: in einem ersten Schritt unter der Fragestellung, was der Text dem Prediger persönlich, in einem zweiten, was er der Gemeinde zu sagen hat. Bonhoeffer thematisiert auch den Zeitraum der Abfassung der Predigt: „Spätestens Dienstag anfangen, spätestens Freitag fertig sein! Es muss wenigstens zwölf Stunden daran gearbeitet werden" (488). Die Predigt soll vor dem Vortrag memoriert werden, wobei die Vikare sich Gedankenzusammenhänge einzuprägen haben, nicht jedoch den gesamten ausgearbeiteten Text. Nur unter dieser Voraussetzung kann die Predigt auf der Kanzel wirklich gehalten werden: Sonst verkommt der Kanzelvortrag zum bloßen Vorlesen des Manuskripts: „Eine Predigt wird zweimal geboren, in der Pfarrstube und *auf der Kanzel*, die zweite ist die eigentliche Entstehung" (488; Hervorhebungen im Text).

Bonhoeffer gibt auch Hinweise für die Gestaltung der Arbeitswoche, vor allem des Samstags: „Sonnabend Abend unter allen Umständen freihalten. Es ist schön, wer Sonnabend Nachmittag noch seelsorgerliche Besuche machen kann, die wirklich streng seelsorgerlich sind. Grundsätzlich jede Einladung in der Gemeinde absagen" (488). Er spricht über das Verhalten des Predigers in der Sakristei und auf der Kanzel. Bonhoeffer verabscheut jedes Pathos, auch das religiöse: „Das Niederknien gehört nicht auf die Kanzel, sondern in die Sakristei" (488f).

Ziel des Predigens ist es, dass die Gemeinde beginnt, selbstständig die Bibel zu lesen. Sie soll – gut reformatorisch – mündig werden in Gottes Wort. Die Predigt soll die Gemeinde deshalb zur Bibel hinführen, ihr Freude am Lesen des Wortes Gottes machen. Darum schlägt Bonhoeffer eine strenge Textpredigt vor und bevorzugt die Homilie, d.h. die Auslegung Vers für Vers. Entscheidend ist, dass der Text selbst zum Reden gebracht wird. Bonhoeffer geht von der Selbstwirksamkeit des Wortes Gottes, seiner Eigenbewegung aus.[10] Wenn nur der biblische Text selbst zu den Hörerinnen und Hörern zu reden beginnt, ist das Ziel einer Predigt erreicht. Deshalb lehnt Bonhoeffer jede Form von Einleitung ab: „Den Leuten mit dem Text ins Gesicht springen!" (490). Einleitungen lenken einerseits vom Text ab, andererseits drängt sich bei den Hörern der Eindruck auf, als ob der Bibeltext nicht selbst etwas zu sagen hätte und ihm durch den Prediger erst nachgeholfen werden müsse.

Grundsätzlich ist nach Bonhoeffers Ansicht jeder biblische Text als Predigttext geeignet. Betont wirbt er für alttestamentliche Texte.[11] Auch das stellte ein Novum gegenüber der liberalen Theologie dar, die, wie etwa Friedrich Schleiermacher, das Alte Testament für entbehrlich hielt. Bonhoeffer hat – wie Martin Luther – im Gegensatz dazu eine Vorliebe für das Alte Testament. In „Widerstand und Ergebung" spricht er davon, er habe am Alten Testament gelernt, dass Gott den Menschen an sein Leben auf der Erde verweist. Im Gegensatz zu den altorientalischen Erlösungsmythen werde die Erlösung im Alten Testament nämlich streng geschichtlich, d. h. irdisch-diesseitig gedacht.[12]

Bonhoeffer thematisiert in seiner Predigtlehre auch formale Aspekte. Im Anschluss an Augustinus und Cicero soll sie Momente der Lehre, der Erbauung und der Bekehrung enthalten. Die Reformation entdeckte die Unverzichtbarkeit der Predigt für den Gottesdienst wieder. Das Proprium des protestantischen Gottesdienstes liegt in der Predigt. Das Wort der Predigt steht für Bonhoeffer nicht im Dienst von etwas anderem, sondern ist die Sache selbst (495). Er geht von ihrem performativen Charakter aus: Das Wort selbst ist es, das siegt und tröstet (495). Weil Gott das Subjekt des menschlichen Sprechens in der Predigt ist, kann der Prediger zuversichtlich sein, dass das Wort Gottes in der Predigt tatsächlich seine Kraft entfalten wird. Immer wieder macht Bonhoeffer seinen Vikaren Mut, auf die Kraft des Wortes Gottes zu vertrauen: „Größte *Scheu und Zurückhaltung* gegenüber dem Wort. Größte *Zuversicht* und Fröhlichkeit zu der alleinigen Kraft des Wortes" (498; Hervorhebungen im Text).

Als Kirche des Wortes hat die Kirche der Reformation die Aufgabe, die Sprache der Predigt besonders zu pflegen. Sie soll nicht die wortreiche „Sprache Kanaans" sein, sondern durch die Sprache der Lutherbibel bestimmt werden. Bonhoeffer meint, dass die Lutherbibel in vorbildlicher Weise jeden Wortüberfluss vermeidet: „Überfluss macht das Wort in den Wörtern unhörbar" (499).

Am Ende der Vorlesung spricht Bonhoeffer über das Verhalten des Predigers nach der Predigt. Das Gebet in der Sakristei steht dabei an erster Stelle. Bonhoeffer empfiehlt dem Pfarrer auch den regelmäßigen Besuch des Abendmahls (eine Besonderheit, weil das Abendmahl in den Gemeinden meist nicht öfter als dreimal im Jahr gefeiert wurde). Der Prediger bedarf überdies der Seelsorge, d.h. geistlich geprägter Rückmeldungen zu seiner Predigt. Außerdem soll er den Text und die Predigt noch einmal für sich selber durchgehen. Schließlich hat er die Aufgabe, Fürbitte für seine Amtsbrüder zu üben.

Abschließend möchte ich von den durch Bonhoeffer im Lauf der Jahre vorgenommenen Erweiterungen der Homiletikvorlesung noch zwei Themenkreise aufgreifen, die mir im Hinblick auf die heutige Diskussion wesentlich erscheinen:

• Das Wort, das Predigtamt und das Pfarramt" (502–507): In diesem Vorlesungsabschnitt fällt der Gedanke ins Auge, dass Bonhoeffer die Predigt mit Christus identifiziert. „Als Wort schreitet er durch seine Gemeinde" (503). „Das Wort ist der Inkarnierte als derjenige, der die Sünde der Welt trägt" (a.a.O.). „Das Wort der Predigt will Menschen annehmen, will unsere sündige Natur tragen" (a.a.O.). „Im verkündigten Wort tritt Christus in die Gemeinde hinein [...]" (506). Die Predigt hat also für Bonhoeffer eine Art sakramentalen Charakter.

• Der Pfarrer und die Bibel" (510–513):
Bonhoeffer geht von einem dreifachen Gebrauch der Bibel durch den Pfarrer aus. Die Bibel gehört nicht nur auf die Kanzel, sondern genauso auf den Schreibtisch, aber eben auch auf das Betpult. Einerseits besitzt die Bibel eine jeweils eigenständige Aufgabe auf der Kanzel, auf dem Schreibtisch und auf dem Betpult. Andererseits stehen alle drei Arten des Schriftgebrauchs miteinander in Wechselwirkung und befruchten sich gegenseitig. Die ganze Existenz des Pfarrers soll durch die Schrift geprägt werden. Die unterschiedlichen Zugänge zur Bibel führen überdies zu einer der Auslegung zugute kommenden Multiperspektivität der Bibelbetrachtung.[13]

4. Von Bonhoeffers Predigten lernen

Eine entscheidende Stärke von Bonhoeffers Predigtlehre liegt darin, dass sie davon ausgeht, dass das Wort Gottes kein leeres Wort ist, sondern Kraft besitzt, Menschen und Situationen zu verändern. Die Finkenwalder Predigtlehre hat Vikaren Zuversicht in die Möglichkeiten der Predigt und dadurch Lust am Predigen vermittelt. Bonhoeffers Freund und theologischer Gesprächspartner Eberhard Bethge, der selbst Finkenwalder Vikar war, erinnert sich:

*Es gab kaum einen, der nicht verändert und freu-
diger an seine Predigtaufgabe ging, wenn er in die
Gemeinde zurückkehrte. Und es gab kaum einen,
dessen Zutrauen und Wille, etwas ausrichten und
verlangen zu können, nicht gewachsen war, der
nicht überzeugt davon war, wie sehr die Frische seiner Predigt von einem zweckgelösten Umgang mit
der Schrift und dem Glauben an das Vorgegebene
abhing.*[14]

Positiv ist weiter, dass Bonhoeffer die Selbstmächtigkeit und
Selbstwirksamkeit des Wortes hervorhebt. Die Wirksamkeit
des Wortes Gottes hängt daher nicht vom Können des Predigers oder der Predigerin ab. Eine Erkenntnis, die enorm ent-
lasten kann. Bonhoeffer will die Würde des biblischen Wortes gewahrt wissen. Sie muss gegenüber dem Prediger und
dem Hörer eine eigene Stimme erhalten. Dazu gehört der
Respekt gegenüber der sachlichen und inhaltlichen Fremd-
heit des Bibelwortes. Der Text soll mit seiner Botschaft an
den Menschen zu Wort kommen. Denn nur auf diese Weise
vermag er den Hörer über sich selbst hinauszuführen, d. h.
über das, was er sich sowieso selbst sagen kann. Inhaltliches
Zentrum dieses Den-Hörer-über-sich-selbst-Hinausführens
stellt die Rechtfertigung des Sünders durch Gott allein aus
Gnaden dar.

Zu würdigen ist auch, dass Bonhoeffer die grundlegende
Bedeutung des Gebets für die Predigtarbeit hervorhebt. Das
Gebet vermag dem Prediger neue Dimensionen zu erschließen, zu denen er auf andere Weise keinen Zugang erhalten
würde. Es öffnet die Predigtvorbereitung für anders nicht
zugängliche kreative und intuitive Impulse.

Auch die Konzentration der Predigt auf den Glauben an
Jesus Christus stellt ein Positivum der Finkenwalder Homiletik dar: Nicht nur deshalb, weil es dadurch zu einer Wieder-

aufnahme reformatorischer Einsichten kam,[15] sondern auch, weil damit ein befreiender Gegenentwurf zum Führerkult des Dritten Reiches vorgelegt werden konnte. In der Predigt soll den Hörerinnen und Hörern eine Person begegnen: Jesus Christus, und zwar als Person für mich.[16] Die gesamte Predigtarbeit Bonhoeffers kreist darum, wie Jesus Christus als Mitte des Evangeliums in der Predigt zu Klang und Stimme kommen kann. Dass jede entschiedene Konzentration ihre Kehrseite im Verlust an Pluralität hat, wird erst in friedlicheren Zeiten sichtbar, sollte man Bonhoeffers Überlegungen aber nicht negativ anrechnen.

Problematisch ist an Bonhoeffers Predigtlehre, dass Hörer und Situation kaum thematisiert werden. Ein Grund dafür ist die Ausblendung von Erkenntnissen aus den Humanwissenschaften, wobei allerdings zu bedenken ist, dass Bonhoeffer das Gespräch mit den Humanwissenschaften nicht eigentlich ausschließen, sondern nur zurückhalten will.[17] Z. B. lässt sich Bonhoeffers Predigtlehre entnehmen, dass er die Gesetze des gottesdienstlichen Sprechens gerne näher erforscht hätte.[18] Im Prinzip hat er durchaus auch von der Wichtigkeit der Situation für das Ankommen der Verkündigung gewusst. Darauf hat wiederum besonders Ernst Lange hingewiesen.[19] Im Zusammenhang mit seinen Überlegungen zur Verkündigung des konkreten Gebots hält Bonhoeffer fest:

Mit Vollmacht kann zu mir nur gesprochen werden, wenn ein Wort aus der tiefsten Kenntnis meiner Menschlichkeit mich in meiner ganzen Wirklichkeit jetzt und hier betrifft. Jedes andere Wort ist Ohnmacht. Das Wort der Kirche an die Welt muss darum aus der tiefsten Kenntnis der Welt dieselbe in ihrer ganzen gegenwärtigen Wirklichkeit betreffen, wenn es vollmächtig sein will. Die Kirche muss hier und jetzt aus der Kenntnis der Sache heraus in

konkretester Weise das Wort Gottes, der Vollmacht,
sagen können, oder sie sagt etwas anderes, Mensch-
liches, ein Wort der Ohnmacht. Die Kirche darf also
keine Prinzipien verkündigen, die immer wahr sind,
sondern nur Gebote, die heute wahr sind. Denn,
was „immer" wahr ist, ist gerade „heute" nicht
wahr: Gott ist uns „immer" gerade „heute" Gott.[20]

Ich würde nicht so weit wie Lange gehen und in diesen Sät-
zen Bonhoeffers „Homiletik in nuce"[21] sehen. Tatsächlich
enthalten sie aber eine wichtige theologische Begründung für
die Berücksichtigung der Situation des Hörers, von der in
der Finkenwalder Homiletik nicht explizit die Rede ist.

Die Predigtausbildung in Finkenwalde sah strikt davon ab,
eine im Gottesdienst gehaltene Predigt zu kritisieren. Kritik
war nur an Predigten zulässig, die im Lehrsaal zu Übungs-
zwecken vorgetragen wurden.[22] Die von Bonhoeffer im Prinzip gewollte Erziehung der Gemeinde zur Mündigkeit wird
dadurch konterkariert. Paradoxerweise enthält die Vorlesung
zur Predigtlehre gleichzeitig Überlegungen, wonach die Gemeinde doch – im Sinne Luthers – zur Kritik an der gehörten
Predigt ermutigt werden soll:

Der Pfarrer hat ein Recht darauf zu wissen, ob
in seiner Predigt Gottes Wort hörbar wurde. Die
Gemeinde sollte dazu angehalten werden, in die Sa-
kristei zu gehen zu solchem Gespräch. Aufgabe der
Frau des Pfarrers, ihm diesen Dienst zu tun. Aber er
muss ihn suchen![23]

Bonhoeffer will die Predigt also für Kritik offenhalten. Allerdings drängt er sie in den eher privaten Bereich zurück: Sie
bekommt ihren Platz im Vier-Augen-Gespräch in der Sakristei und zwischen Pfarrer und Pfarrfrau.

5. Das Besondere

Beim Lesen von Bonhoeffers Kasualpredigten, Bibelarbeiten und Predigtmeditationen sticht zweierlei sofort ins Auge: Sie stecken voller Bibel und laden zum Gebet ein: „Es geht uns dabei [in den Predigten während der Volksmissionswochen] hauptsächlich darum, dass in den Häusern wieder die Bibel gelesen und gebetet wird."[24] Das gilt als allererstes natürlich für das Pfarrhaus. Geradezu verblüffend ist die fabelhafte Bibelkenntnis Bonhoeffers, die es ihm ermöglicht, die unterschiedlichsten Bibelaussagen zueinander in Beziehung zu setzen – ganz nach dem Motto von Martin Luthers Bibelauslegung: „Die Schrift legt sich selber aus." Trotz ihrer Orientierung an Bibel und Gebet gewinnt man nirgends den Eindruck, dass darüber die wache Zeitgenossenschaft des Predigers zu kurz käme. Durchgängig ist jedoch deutlich: Bonhoeffers Predigten wollen primär Hilfe zum Glauben sein. Dass sie darin auch Hilfe zum Leben sind, ergibt sich quasi von selbst.

Im Zentrum der Predigten steht der dreieinige Gott, genauer gesagt: Jesus Christus. In jeder Predigt lädt Bonhoeffer explizit oder implizit zur Nachfolge des auferstandenen Gekreuzigten ein. Der Prediger zeigt auf, dass das menschliche Leben erst darin seiner Bestimmung entspricht und zur Erfüllung kommt. Von hier aus ergibt sich auch die Ewigkeitsorientierung der Predigten. Bonhoeffer hält mit ihr den Riss offen, der durch die Welt geht. Es ist und bleibt letztlich Gottes Sache, diese Welt zu erneuern. Trotz der Notwendigkeit des Engagements für den Nächsten, biblisch gesprochen: der Nächstenliebe, ist Gott nicht auf unsere Hände angewiesen. „Gott führt seinen Plan zum Ziel mit uns oder gegen uns. Aber er will, dass wir mit ihm seien" (so in der Predigtmeditation über Jes 9,5-6). Deshalb scheut sich Bonhoeffer auch nicht, Gottes Gericht zu predigen, wobei er ausdrücklich festhält, dass die christliche Gemeinde von diesem Gericht nicht ausgenommen ist – im Gegenteil: Gerade an ihr übt Gott sein strengstes Gericht, und sie erweist sich darin als seine Gemeinde, dass sie sich diesem Gericht beugt. Gottes Reich beruht für Bonhoeffer nämlich auf Gericht und Gerechtigkeit. Die ewige Dauer dieses Reiches hat ihren Grund darin, dass in ihm das Unrecht nicht ungestraft bleibt.

In meinen Augen hat der geistliche Tiefgang der Predigten Bonhoeffers seine Ursache darin, dass sie bibelorientiert, christuszentriert und ewigkeitsmotiviert sind. Darin unterscheiden sie sich von den meisten Predigten, die heute gehalten werden. Nicht zuletzt deswegen lohnt die Lektüre von Bonhoeffers Predigten bis heute. Das Ziel dieser Neuherausgabe der Predigten wäre erreicht, wenn sie Predigerinnen und Prediger inspirieren würden, ihre eigene Predigt infrage stellen und durch Bibel und Gebet erneuern zu lassen.

- *Stationen auf dem Weg zur Freiheit:*
  Dietrich Bonhoeffers Leben
  www.brunnen-verlag.de/
  peter-zimmerling-dietrich-bonhoeffers-leben

- *Stationen auf dem Weg zur Freiheit:*
  Dietrich Bonhoeffers Werk
  www.brunnen-verlag.de/
  peter-zimmerling-dietrich-bonhoeffers-werk

BIBELARBEITEN

Biblische Besinnung: Der Morgen

Finkenwalde, Sommer 1935

Jeder neue Morgen ist ein neuer Anfang unseres Lebens. Jeder Tag ist ein abgeschlossenes Ganzes. Der heutige Tag ist die Grenze unseres Sorgens und Mühens (Mt 6,34; Jak 4,14). Er ist lang genug, um Gott zu finden oder zu verlieren, um Glauben zu halten oder in Sünde und Schande zu fallen. Darum schuf Gott Tag und Nacht, damit wir nicht im Grenzenlosen wanderten, sondern am Morgen schon das Ziel des Abends vor uns sähen. Wie die alte Sonne doch täglich neu aufgeht, so ist auch die ewige Barmherzigkeit Gottes alle Morgen neu (Klgl 3,23). Die alte Treue Gottes allmorgendlich neu zu fassen, mitten in einem Leben mit Gott täglich ein neues Leben mit ihm beginnen zu dürfen, das ist das Geschenk, das Gott uns mit jedem neuen Morgen macht.

In der Heiligen Schrift ist der Morgen eine Zeit voller Wunder. Er ist die Stunde der Hilfe Gottes für seine Kirche (Ps 46,6), die Stunde der Freude nach einem Abend des Weinens (Ps 30,6), die Stunde der Verkündigung des göttlichen Wortes (Zeph 3,5), der täglichen Austeilung des heiligen Mannas (2Mose 16,13 f). Vor Tagesanbruch geht Jesus beten (Mk 1,35), in der Frühe gehen die Frauen zum Grab und finden Jesus auferstanden, im Morgengrauen finden die Jünger den Auferstandenen am Ufer des Sees von Tiberias (Joh 21,4). Es ist die Erwartung der Wunder Gottes, die die Männer des Glaubens früh aufstehen lässt (1Mose 19,27; 2Mose 24,4; Hiob 1,5 und öfter). Der Schlaf hält sie nicht mehr. Sie eilen der frühen Gnade Gottes entgegen.

Beim Erwachen vertreiben wir die finsteren Gestalten der Nacht und die wirren Träume, indem wir alsbald den Morgensegen sprechen und uns für diesen Tag für Hilfe dem dreieinigen Gott befehlen. Böse Launen, unbeherrschte Stimmungen und Wünsche und Sorgen, die wir am Tag nicht mehr los werden, sind oft genug Nachtgespenster, die nicht beizeiten verjagt worden sind und uns den Tag vergällen wollen. In die ersten Augenblicke des neuen Tages gehören nicht eigene Pläne und Sorgen, auch nicht der Übereifer der Arbeit, sondern Gottes befreiende Gnade, Gottes segnende Nähe. Wen die Sorge frühzeitig aufweckt, zu dem sagt die Schrift: „Es ist umsonst, dass ihr frühe aufsteht und hernach lange sitzet und esset euer Brot mit Tränen" (Ps 127,2). Nicht die Angst vor dem Tag, nicht die Last der Werke, die ich zu tun vorhabe, sondern der Herr „weckt mich alle Morgen; er weckt mir das Ohr, dass ich höre wie ein Jünger"; so heißt es vom Knecht Gottes (Jes 50,4). Bevor das Herz sich der Welt aufschließt, will Gott es sich erschließen, bevor das Ohr die unzähligen Stimmen des Tages vernimmt, soll es in der Frühe die Stimme des Schöpfers und Erlösers hören. Die Stille des ersten Morgens hat Gott für sich selbst bereitet. Ihm soll sie gehören.

Vor das tägliche Brot gehört das tägliche Wort. Nur so wird auch das Brot mit Danksagung empfangen. Vor die tägliche Arbeit gehört das morgendliche Gebet. Nur so wird die Arbeit in der Erfüllung des göttlichen Befehls getan. Für stille Gebetszeit und gemeinsame Andacht muss der Morgen eine Stunde hergeben. Das ist wahrhaftig keine vergeudete Zeit. Wie könnten wir anders gerüstet den Aufgaben, Nöten und Versuchungen des Tages entgegengehen? Und ob wir auch oft nicht „in Stimmung" dafür sind, so ist es doch schuldiger Dienst an dem, der von uns angerufen, gelobt und gebeten sein will und der uns unsern Tag nicht anders als durch sein Wort und unser Gebet segnen will.

Es ist nicht gut von „Gesetzlichkeit" zu reden, wo es um die Ordnung unseres christlichen Lebens, um die Treue in den gebotenen Dingen des Schriftlesens und Betens geht. Unordnung zersetzt und zerbricht den Glauben. Das muss der Theologe besonders lernen, der Zuchtlosigkeit so leicht mit evangelischer Freiheit verwechselt. Wer einmal ein ausfüllendes geistliches Amt versehen und nicht in Betriebsamkeit sich und seine Arbeit zugrunde richten will, der lerne beizeiten die geistliche Disziplin des Dieners Jesu Christi. Der junge Theologe wird es als eine große Hilfe erfahren, wenn er sich für sein stilles Gebet und für die Andacht feste Zeiten setzt, die er in großer Beharrlichkeit und Geduld einhält.

Die stille Gebetszeit braucht jeder Christ. Der Theologe, der Christ sein will, braucht sie nötiger als irgendein anderer. Er braucht mehr Zeit für Gottes Wort und für das Gebet, denn dazu ist er besonders [ein]gesetzt (Apg 6,4). Wie sollen wir den Tag über mit Gottes Wort umgehen, predigen und unterweisen lernen, anderer Menschen Last brüderlich tragen helfen, wenn wir nicht selbst Gottes Hilfe für den Tag erfahren haben? Wir wollen ja nicht Schwätzer und Routiniers werden. Es ist ratsam, der stillen Gebetszeit ein Wort Gottes zugrunde zu legen. Das gibt dem Gebet Inhalt, festen Grund und Zuversicht. Es kann für eine Woche derselbe Schriftabschnitt sein. Dann wird das Wort in uns zu wohnen und zu leben beginnen und uns bewusst oder unbewusst gegenwärtig sein. Ein zu rascher Wechsel macht oberflächlich. Auf dem Grund der Schrift lernen wir in der Sprache, in der Gott zu uns gesprochen hat, zu Gott sprechen, wie das Kind zum Vater. Vom Worte Gottes ausgehend beten wir alles, was das Wort uns lehrt, bringen wir den kommenden Tag vor Gott und reinigen unsre Gedanken und Vorsätze vor ihm, beten wir vor allem um die volle Gemeinschaft Jesu Christi mit uns. Wir wollen nicht vergessen für uns selbst zu beten. „Achte deine Seele hoch in Demut" [Jesus Sirach 10,31]. Dann aber liegt vor uns das weite Feld der Fürbitte. Hier weitet sich der Blick, er sieht nahe und ferne Menschen und Dinge, um sie der Gnade Gottes zu befehlen. Keiner, der uns um unsre Fürbitte gebeten hat, darf fehlen. Dazu kommen all die, die uns persönlich oder beruflich besonders anbefohlen sind – und das sind viele. Schließlich weiß jeder von Menschen, denen sonst wohl kaum einer diesen Dienst tut. Nicht vergessen wollen wir, Gott für die zu danken, die uns durch ihre Fürbitte helfen und stärken. Wir wollen die stille Gebetszeit nicht beschließen, bevor wir mehrfach und schließlich mit großer Gewissheit das Amen gesprochen haben.

Zur gemeinsamen Andacht suchen wir Hausgenossen oder Brüder aus der Nachbarschaft, um mit ihnen zusammen das Wort Gottes zu hören, zu singen und zu beten. In die Andacht gehören vor allem die gemeinsam gelesenen Psalmen, die nur dann zu unsrem Besitz werden, wenn wir sie täglich und reichlich und ohne Auslassung lesen und beten, auch dort, wo sie uns schwer werden. Dann sollte ein nicht zu bescheidener Abschnitt im Alten und Neuen Testament fortlaufend zur Verlesung kommen. Das Lied der Kirche stellt uns in die große Gemeinde der Gegenwart und Vergangenheit. Das Gebet, das einer für die ganze Gemeinschaft spricht, bringt die gemeinsamen Anliegen der kleinen Hausgemeinde vor Gott.

Nun hat Gott in dem Schweigen des Morgens sein Wort geredet, nun haben wir mit ihm und mit der Gemeinde der Christen Gemeinschaft gefunden. Sollten wir nun nicht zuversichtlich an das Tagewerk gehen?

„Ich bin der Herr, dein Arzt"

Aufsatz für die Bädermission

Ettal, Januar 1941

Mitten in der herrlichen Natur sehen wir, wie ein gelähmtes Kind im Rollstuhl gefahren wird. Wer noch ein Herz hat, das nicht völlig stumpf geworden ist für den Nächsten, dem wird es im Augenblick klar, dass hier etwas in unserer Welt nicht in Ordnung ist, dass die Welt, in der dieses Bild der Qual und der Trauer möglich ist, nicht die ursprüngliche Schöpfung Gottes ist. Hier ist etwas Widergöttliches in die Welt eingebrochen. Die Welt ist von ihrem Ursprung abgefallen, zerstörende Mächte haben in ihr Gewalt gewonnen. Nur in einer gott-los gewordenen Welt gibt es Krankheit. Weil die Welt an Gott selbst krankt, darum gibt es kranke Menschen. Nur eine Welt, die wieder ganz in Gott geborgen wäre, eine erlöste Welt, würde ohne Krankheit sein.

In der Bibel begegnet uns ein seltsames Wort: „Und er suchte auch in seiner Krankheit den Herrn nicht, sondern die Ärzte". Es handelt sich dort um einen frommen Mann, dem die Bibel sonst hohes Lob zollt für seinen Eifer um die Sache Gottes. Aber dieser Mann dachte bei aller Frömmigkeit darin sehr modern, dass er streng unterschied zwischen den Dingen der Religion, in denen man sich an Gott wendet, und den irdischen Dingen, in denen man sich bei irdischen Stellen Hilfe holt. Krankheiten, besonders leibliche Krankheiten sind irdische Angelegenheiten mit irdischen Ursachen und irdischen Heilmitteln. Krankheiten gehören also vor den Arzt, aber nicht vor Gott. Wie dürfte man auch Gott, den Herrn der Welt, mit seinen kleinen leiblichen Übeln belästigen? Gott hat andere Sorgen.

Das ist ganz vernünftig und vielleicht auch ganz religiös gedacht. Aber es ist falsch. Gewiss haben Krankheiten ihre irdischen Ursachen und irdischen Hilfsmittel; aber damit ist eben bei Weitem nicht alles und nicht das Entscheidende über das Wesen der Krankheit gesagt. Gewiss soll der Kranke zum Arzt gehen und dort Hilfe suchen. Aber das Wichtigste ist damit allein nicht getan und nicht erkannt. Hinter den irdischen Ursachen und Heilmitteln stehen die überirdischen Ursachen und die überirdischen Heilmittel der Krankheit. Solange man daran vorbeigeht, lebt man in Wahrheit an seiner eigenen Krankheit vorbei, bekommt man ihr Wesen gar nicht zu Gesicht. Ihr Fluch und ihr Segen bleiben unerkannt.

Die Krankheit gehört in besonderer Weise zu Gott. Nicht daraus macht die Bibel dem Menschen einen Vorwurf, dass er mit seiner Krankheit zum Arzt geht, sondern daraus, dass er mit ihr nicht zu Gott geht. Es ist kein Zufall, dass Christus in auffallender Nähe zu den Kranken gelebt hat, dass Blinde, Gelähmte, Taubstumme, Aussätzige, Geisteskranke sich unwiderstehlich zu ihm hingezogen fühlten und seine Gemeinschaft suchten. Warum hat Christus diese Leute nicht zum Arzt geschickt? Gewiss nicht, um dem Ansehen der Ärzte zu schaden oder um seine eigene besondere Kunst oder suggestive Kraft zur Schau zu stellen, sondern um es deutlich werden zu lassen, dass Gott und Krankheit, dass Christus und die Kranken ganz eng zusammengehören. Christus will der wahre Arzt der Kranken sein. „Ich bin der Herr, dein Arzt". Das sagt Gott, das sagt Christus. Der Schöpfer und Erlöser der Welt bietet sich dem Kranken zum Arzt an. Wollen wir dieses Angebot unversucht lassen, nachdem wir auf so viele, geringere Angebote mit mehr oder weniger Erfolg eingegangen sind?

Wer den Zusammenhang von Gott und Krankheit nur ahnt, wer das unerwartete Angebot ernst nimmt, dem kann die Krankheit zum Hinweis werden auf die Sünde der Menschen, auf die Zerstörung der Gemeinschaft der Geschöpfe mit dem Schöpfer. Hier liegen die überirdischen Gründe und Abgründe der Krankheit. Es ist die Sünde der Welt und es ist meine eigene Sünde, an die ich erinnert werde. Meine Krankheit braucht nicht einfach eine Folge oder Strafe einer bestimmten Sünde zu sein, deren ich mich anzuklagen hätte – auch dies mag der Fall sein, es ist aber nicht notwendig so. Doch will mich jede Krankheit in die Tiefe der Weltsünde und meiner persönlichen Gottlosigkeit hineinblicken lassen. Dieser Blick aber treibt mich zu Gott. Wenn ich in den Abgrund geschaut habe, erbitte ich nicht zuerst die Befreiung von diesem oder jenem Leiden, sondern ich komme mit dem Bekenntnis meiner lange verborgenen Schuld vor Gottes Angesicht. Die leibliche Krankheit will mich erkennen lehren, dass meine eigentliche Krankheit viel tiefer steckt, so tief, dass kein irdischer Arzt sie heilen kann, weil meine eigentliche Krankheit – meine Sünde ist. Nicht nur mein Leib, meine Nerven, mein Gemüt ist krank, sondern mein ganzes Wesen, mein Herz ist krank, krank am Unglauben, an der Angst, an der Gottlosigkeit meines Lebens. Und welcher Gesunde litte nicht auch an dieser heimlichsten und zugleich unheimlichsten Krankheit?

Nun weiß ich, dass mir nur geholfen werden kann, wenn mein ganzes Wesen heil, gesund, neu wird. Wie kann das geschehen? Die Antwort ist ganz einfach und geht doch in die letzte Tiefe unseres Lebens: durch echte Beichte und durch göttliche Vergebung aller meiner Sünden. Das mag manchem als eine seltsame Wendung und Lösung dieser Frage erscheinen, aber doch nur dem, der das Heilwerden des ganzen Menschen durch Beichte und Vergebung noch nicht erfahren hat. Was heißt Beichte? Sich Jesus Christus mit allen seinen Sünden, Schwächen, Lastern, Leiden öffnen und ihm auf sein Wort hin das ganze Herz geben ohne den geringsten Vorbehalt. Das ist keine leichte Sache und es mag uns schwerer vorkommen als eine gefährliche Operation. Es wird wohl so sein, dass die meisten von uns hierzu einen brüderlichen Helfer brauchen, der uns in solcher Lebensbeichte beisteht, sei es nun der im geistlichen Amt dienende Pfarrer, sei es irgendein Glied der Gemeinde, das von Christus mehr weiß als ich. Was heißt Vergebung? Auslöschung meiner ganzen heillosen, verfahrenen, gescheiterten Vergangenheit (von der vielleicht nur ich selbst weiß) durch Gottes Machtwort und durch das Geschenk eines neuen fröhlichen Anfangs meines Lebens.

Wer kann mir solchen neuen Anfang schenken? Niemand anders als allein der gekreuzigte und lebendige Jesus Christus, der selbst die Heillosigkeit des Lebens an sich erfuhr und sie überwunden hat in der Gemeinschaft Gottes. Er ist der einzige Arzt, der meine tiefste Krankheit kennt, der sie selbst getragen hat, er ist der „Heiland", der Herz, Seele und Leib heilen kann.

Was aber hat Vergebung der Sünden mit leiblicher Gesundung zu tun? Mehr als die meisten Menschen ahnen. Freilich, es ist ein geheimnisvoller Zusammenhang. Aber ist nicht wenigstens so viel begreiflich, dass von einem Menschen, der in seinem Herzen wieder frei und fröhlich geworden ist, so manche körperliche Beschwerde einfach abfällt? Der Leib wird vielfach allein darum krank, weil er sich selbst überlassen ist, weil er sein eigener Herr geworden ist. Nun aber hat der Leib seinen rechten Herrn wiederbekommen, der ihn regiert. Der Leib ist nicht mehr der Herr. Er ist nur noch Werkzeug, ja mehr als dies: „Tempel des Heiligen Geistes" geworden. Es gibt viele Leiden, die von dem empfangenen Zuspruch der Vergebung nicht sichtbar gelindert und beseitigt werden. Aber der verborgene Zusammenhang von Vergebung und leiblicher Gesundung kann auch so sichtbar zu Tage treten, dass alle medizinischen Begriffe gesprengt werden und die Ärzte vor einem Rätsel stehen. Eines ist gewiss: Wie der Unglaube eine Quelle der Zerstörung und der Krankheit des Leibes und der Seele ist, so ist der Glaube eine Quelle aller Heilung und Gesundung.

Wenn Christus sich den Arzt der Kranken nennt, dann fällt auf jeden Kranken, wie elend er auch sei, der Glanz der göttlichen Barmherzigkeit. Der Kranke gehört Gott, an ihm will Gott sein Heil verwirklichen. So begegnen wir in dem kranken Bruder der Barmherzigkeit Gottes selbst, der in Jesus Christus der Arzt des Kranken ist. Der Kranke will Heilung. Christus schenkt ihm mehr: sein Heil.

König David

Bibelarbeit in Finkenwalde

8.-11.10.1935

Vorbemerkung: Das Zeugnis des Neuen Testaments und das prophetische Zeugnis von David.

1. Christus ist der Sohn und Same Davids nach dem Fleisch und nach der Verheißung (Röm 1,3; Mt 1,1; Joh 7,42; 2Tim 2,8; Mt 22,42). Die Genealogien Mt 1 und Lk 3, die über David auf Joseph führen, der doch nicht der leibliche Vater Jesu wurde, drücken den Verheißungscharakter der Sohnschaft nach dem Fleisch aus. Gott hat dem fleischlichen Samen Davids die Verheißung gegeben, aber damit nicht das Fleisch sich daraus eigenen Ruhm bereite, sondern die Gnade des Verheißenden allein gepriesen werde, bekundet sich die Treue Gottes gerade seiner dem fleischlichen Samen gegebenen Verheißung darin, dass die Kette der leiblichen Väter Jesu mit Joseph abbricht und Jesus als der Sohn der unbefleckten Verheißung verkündet wird. Diese Verheißung kannte David nach dem Zeugnis des Neuen Testaments – „da er ein Prophet war und wusste, dass ihm Gott verheißen hatte mit dem Eide, dass die Frucht seiner Lenden sollte auf seinem Stuhl sitzen ..." (Apg 2,30) – David weiß sich als den, durch den Christus auf die Welt kommen soll, und durch diese Verheißung, Christus sei die Frucht seiner Lenden, weiß er sich auf seinem Thron erhalten. Als der, in dem Christus schon ist, ist er zugleich sein Prophet und Zeuge. Durch die Verheißung weiß er schon von der Auferstehung Christi und bezeugt sie.

Apg 2,31 „hat geredet von der Auferstehung Christi, dass seine Seele nicht dem Tod gelassen ist und sein Fleisch die Verwesung nicht gesehen hat." David ist also Zeuge Christi und seiner Auferstehung – und zwar insofern von allen Propheten qualifizierter Zeuge, als er Christus in seinen Lenden trägt, als er selbst durch diese Verheißung, das heißt eben durch den Christus in ihm lebt. Also, Christus war realiter, nach Fleisch und Verheißung in David – und David war sein Zeuge.

2. Nicht nur in seiner Person, sondern auch in seinem Amt ist Christus nach dem Zeugnis des Neuen Testaments der Erbe Davids. Der Thron Davids, sein Königtum und Reich ist der Thron Christi, Sein Königtum und Sein Reich (Lk 1,32.69). Der Thron Davids ist ein ewiger Thron (2Sam 7). Die „gewissen Gnaden Davids" (Jes 55,3) sind dem Neuen Testament das Zeugnis für die Auferstehung Christi. Gottes Treue, die er dem David schwört, ist Unterpfand und Beweis, weil im strikten Sinne Gottesbeweis, Gottes eigener Beweis der Auferstehung Christi (Apg 13,34). Der ewige Stuhl Davids ist der Stuhl des auferstandenen Christus, um der Verheißung und der Treue Gottes willen. So ist das Reich des Christus-Messias kein anderes als das Reich Davids. Beim messianischen Einzug Jesu in Jerusalem schreit das Volk: „Gelobt sei das Reich unseres Vaters David, das da kommt im Namen des Herrn" (Mk 11,10). Amt und Reich Davids sind Amt und Reich Jesu Christi. In David ist Amt und Reich Christi vorgebildet. In Christus, dem Davidssohn, kommt es wieder.

3. So versteht es sich, dass das Neue Testament die Worte der Psalmen Davids als Christusworte hört: Hebr 2,12 (Ps 22,23). Hebr 10,5 (Ps 40,7 ff) heißt es sogar, dass Christus in diesem Psalm Davids in die Welt gekommen sei. Christus war real in den Worten Davids präsent, wie ja auch Jesus das Zeugnis des Alten Testaments bestätigt, David habe im Geist

gesprochen (Mt 22,43; 2Sam 23,2). Christus betet am Kreuze Worte aus den davidischen Psalmen, macht sie zu seinen eigenen, bestätigt sie als die seinen – „Vater, in deine Hände" (Lk 23,46; Ps 31,6) – „mich dürstet" (Joh 19,28; Ps 22,16) – „Mein Gott …" (Mt 27,46; Ps 22,2). Schließlich: Christus nennt sich selbst die Wurzel des Geschlechts, den Stamm David (Offb 22,16; 5,5). Er ist vor David, er trägt David und er ist selbst der Stamm Davids. Ergebnis: David trägt nach Person und Amt Christus in sich. Christus ist in David.

4. Das prophetische Zeugnis kommt darin mit dem neutestamentlichen überein, dass es in David den sieht, den Gott wiedererwecken wird als den Messias seines Volkes. In David ist der Messias vorgebildet – der Messias wird ein neuer König David sein (Hes 34,23 ff; Hos 3,5; Jer 30,9.21; etwas anders Jer 33,15; Jes 9,7; 11,1; 55,3; Sach 12,8 ff).

5. Das einhellige Zeugnis der Propheten und des Neuen Testaments erkennt in David den im Alten Bund vorgebildeten Messias. Christus ist in ihm, und nur dadurch ist er, was er ist. Wie der Opferkult der Schatten war, der von dem geschichtlichen, einmaligen Opfer Christi auf den Alten Bund fiel, aber nicht nur „Schatten", sondern zugleich „Vorbild" (Hebr 8,5, „Vorbild und Schatten"!, vgl. 10,1), so muss nun analog David als „Vorbild und Schatten" des Messias verstanden werden. Schatten gibt es nur, wo es Körper gibt. Biblisch heißt das, dass es Schatten nur gibt, weil es Inkarnation, Fleischwerdung des Wortes Gottes gibt. David ist der Schatten des fleischgewordenen Messias. Von der Inkarnation her fällt der Schatten auf David. Damit ist die Inkarnation als das Prius verstanden. Um der Inkarnation willen und von der Inkarnation her ist David messianischer König. Wie aber zwischen Körper und Schatten ein dimensionaler Unterschied besteht, so besteht er auch zwischen Christus und David. Die Dimension der Fleischwerdung ist das ἐπουράνιον, das Himmlische, das von oben her, die Dimension des Schatten-

bildes David ist das Irdische. Wie aber das himmlische vor dem irdischen ist, so ist Christus vor David.

„Vorbild" ist David insofern, als in ihm im Laufe der Heilsgeschichte Christus vorgebildet ist, als zeitliches Vorher. Wie der Schatten das Bild des Körpers ist, so ist die Gestalt David ein Bild Christi. Ein Bild muss in seiner Ganzheit, in seinen Umrissen gezeigt werden können. Es kann angesehen werden. Indem David „Bild" Christi ist, ist er nicht Wortzeugnis, sondern eben Bildzeugnis. Damit wird eine andere Schicht der Beziehung von Altem Testament und Neuem Testament aufgedeckt. Hinter der Schicht des Wortzeugnisses steht die Schicht des Bildzeugnisses. Nach der Unterscheidung der alten Dogmatik ist David ein Personaltypus Christi. Und es muss nun dort, wo das neutestamentliche Zeugnis ernstgenommen wird, bei der Auslegung der Davidsgeschichten darum gehen, David in seiner Person, seinem Amt, seinem Wort und seiner Geschichte als den, *in dem nach dem Zeugnis des Neuen Testaments Christus selbst war*, als Vorbild und Schatten Christi *zu verstehen*. David ist nur insofern wichtig, als er Zeugnis von Christus ist, nicht *für sich*, sondern für Christus und so für die Kirche Christi.

I. Salbung und Verfolgung Davids

Die Salbung

Die Geschichte und das Problem Davids ist von Anfang an durch die Tatsache *seiner Salbung zum König bestimmt.* Nichts wissen wir vorher von ihm, das erste Wort über ihn fällt in dem Befehl Gottes an Samuel, David, den Gott sich erwählt hat zum König, zu salben (1Sam 16,1). Gottes Erwählung und die Salbung zum König gehen jedem anderen

Wort über David voraus. David ist wichtig und interessant allein als der von Gott von den säugenden Schafen (Ps 78,71) wegberufene, erwählte und gesalbte König. Durch die *Salbung* wird David biblische Gestalt. Dass David abgesehen von seiner Salbung von keinerlei Interesse und Bedeutung war, zeigt gerade der Bericht, demgemäß er dem Samuel anfangs gar nicht mit vorgeführt wird (1Sam 16,11). Er ist der Jüngste und hütet die Schafe. Und dementsprechend wird er auch nachher von seinem älteren Bruder Eliab ausgescholten und verachtet (1Sam 17,28), der die Salbung nicht ernst nimmt. Mit der *Salbung* empfängt David *den Geist Gottes*, der bei ihm bleibt „von dem Tag an und fürder" (1Sam 16,13). Noch in seinen letzten Worten bezeugt es David (2Sam 23,2), dass Gottes Geist durch ihn geredet hat – und das neutestamentliche Zeugnis bestätigt es (Apg 2,30; Mt 22,43). Der Geist der Salbung ist der Geist des *messianischen* Königtums. Es ist der eine Geist Gottes, mit dem David gesalbt wurde *und Christus* – „Der Geist des Herrn ist bei mir darum, dass er mich gesalbt hat" (Lk 4,18), ist der Geist, der bei der Taufe auf Jesus herabkommt und ihn zum messianischen König versiegelt. Der Geist, der am messianischen Königsamt hängt, kann nicht zugleich auf einem andern, Verworfenen, bleiben. Darum „wich der Geist des Herrn von Saul" (1Sam 16,14), und – seltsam genug! – Saul wird wahnsinnig. Die gesamte nun folgende Verfolgung Davids durch Saul ist nur als die Tat des vom „bösen Geist" besessenen (1Sam 16,14.23) wahnsinnigen Saul, der bei der Zauberin von Endor endet, zu begreifen. Zwar vermag es der gesalbte David zeitenweise Saul zu erquicken, dass es besser mit ihm wird und der böse Geist von ihm wich (1Sam 16,23) – aber der Geist Gottes bleibt auf David.

David und Goliath

Die Salbung führt David sofort in den Kampf mit den Mächten der Welt. Es geht hier um die Bewährung der Salbung. Er weiß sich zum Kampf für sein Volk gefordert, dort wo kein anderer ihn wagt. Sein Volk ist in Schande und Gefahr. Die Heiden höhnen es. Er tritt ins Mittel. Verlacht von seinem Bruder, für toll und übermütig gehalten (1Sam 17,28), gewarnt von Saul (1Sam 17,33) – lässt er sich nicht zurückhalten – „der Herr, der mich von dem Löwen und Bären errettet hat, wird mich auch erretten von diesem Philister" (Vers 37). Derselbe Herr, der ihn gesalbt hat, führt ihn auch in den Kampf.

Nun tritt die erste Versuchung an ihn heran. Er sieht den schwer gerüsteten Philister. Saul will ihn ebenso ausrüsten. Wehrhaft soll er dem Feind gegenübertreten. Er legt den Panzer an. Dann wirft er ihn ab. Nein, David darf nicht stark sein vor den Augen der Welt. Wehrlos, als der, als den ihn Gott berufen hat, als der Hirte, der die Salbung Gottes empfing, will er den Kampf aufnehmen. „Ich bin's nicht gewohnt" (Vers 39). Er will nichts anderes werden. Das einzige, was jetzt anders mit ihm ist, ist seine Salbung. Ohne Waffen, *wehrlos* tritt er in den Kampf.

Es muss so sein, dass der Feind, dass die Welt den Wehrlosen verachtet und höhnt und ihm flucht (Vers 42 f). Sie begreift ihn nicht, hält ihn für wahnsinnig oder übermütig, weiß nicht, dass es die rechte Demut gegen Gott und sein Wort ist, die den David wehrlos macht.

David sagt, was er zu sagen hat in der Gewissheit seiner Salbung: „Du kommst zu mir mit Schwert, Spieß und Schild; ich aber komme zu dir im Namen des Herrn Zebaoth, des Gottes des Heeres Israels, das du gehöhnt hast." – Jesus sagt: „Ihr seid ausgegangen mit Stangen und Spießen mich zu fangen" – und er war wehrlos und sie sanken vor ihm in die

Knie. „Der Herr hilft nicht durch Schwert und Spieß; denn der Streit ist des Herrn; er wird euch in unsere Hand geben" (Vers 47). Und der Herr bekennt sich zu seinem Gesalbten und hilft ihm zum wunderbaren Sieg.

In jeder Beziehung ist David hier „Vorbild und Schatten" Jesu Christi. Er *tritt unmittelbar* nach seiner Salbung in den Kampf gegen die Feinde des Volkes Gottes. Er *besteht die Versuchung*, groß und mächtig zu sein, ein Starker dieser Welt zu sein. *Er wird wehrlos.* Er wird *von der Welt verachtet und gehasst*, um seiner Wehrlosigkeit, das heißt eben um seiner Salbung willen. *Er hält sich in seinem Kampf allein an den Gott Israels*, der ihn zum König seines Volkes berufen hat. Er weiß, Gott siegt nicht durch Schwerter und Spieße, sondern durch den Glauben seines Gesalbten. Als der zum messianischen Königtum Gesalbte, als Vorbild und Schatten Christi siegt David über Goliath. Es ist Christi Sieg in ihm. Denn *Christus* war in David.

Die Verfolgung

Der gesalbte David kann dem Hass und der Verfolgung um seiner Salbung willen nicht entgehen. Die Zeit bis zur Thronbesteigung ist eine Zeit der allseitigen fortgesetzten Feindschaft gegen ihn. Der Dämon in Saul hasst und flieht ihn. Er erkennt ihn als den Gesalbten, wie die Dämonen Christus erkannten, und weil er weiß, dass David an seine Stelle treten und die Herrschaft ihm gehören wird, geht der Kampf gegen David auf Tod und Leben. *Saul* oder *David*, die *Dämonen* oder *Christus* – obwohl Saul zweimal bekennen muss und es weiß (1 Sam 24,18), David, „du bist gerechter als ich; du hast mir Gutes bewiesen, ich aber habe dir Böses bewiesen" – ja, gerade weil er das weiß, dass David ihm Böses mit Gutem vergilt, gerade wenn David durch seine Psalmen das Herz

Sauls erquicken wollte, packt ihn der Dämon umso wilder, dass er nach David schießt, um ihn zu töten. Der Hass gegen David treibt Saul zur Abgötterei und Zauberei, und schließlich zum *Selbstmord.*

David ist ein Fremdling in seinem eigenen Land und im Land der Philister; er hat nicht, da er sein Haupt hinlege. Er ist der Ausgestoßene, Gefürchtete und Verdächtigte. Er hat wenig *Gefährten.* Jonathan, Sauls Sohn, macht einen Bruderbund mit ihm in Ewigkeit. Der Sohn des Verworfenen erkennt, begreift und liebt den Gesalbten Gottes. Er hat ihn so lieb, wie seine eigene Seele (1Sam 18,1.3; 20,17) – so lieb, wie der Mensch den Gesalbten Gottes haben soll – er liebt seinen Bruder David, wie sich selbst. David ist des Jonathan Liebe „sonderlicher denn Frauenliebe" (2Sam 1,26), wie die rechte Bruderliebe in der Erkenntnis des Gesalbten Gottes sonderlicher ist als die Liebe von Fleisch und Blut. In seiner Liebe zu David erkennt Jonathan, der Sohn *Sauls*, des Königs, an, dass die Erwählung und Salbung nicht durch Fleisch und Blut ererbt wird, sondern allein auf der freien Gnade Gottes ruht. Jonathan gerade als der Thronerbe wäre es gewesen, von dem die größte Feindschaft gegen David verständlich gewesen wäre. Aber eben der natürliche Feind wird dem David zum Bruder geschenkt. Er gibt ihm seinen Rock, Schwert, Gürtel – er gibt ihm, was dem Königssohn gehört (1Sam 18,4). Er will der Nächste sein um David, wenn der König sein wird (1Sam 23,17). Er will der Bruder sein des Gesalbten in selbstloser Liebe.

Von einer seltsamen Schar von Gefährten des Gesalbten und Verfolgten berichtet die Bibel. In der Höhle von Adullam, in die David nach vergeblichem Umherirren flieht, versammeln sich um ihn seine Brüder, die ihn einstmals verachteten und „allerlei Männer, die in Not und Schulden und betrübten Herzens waren; und er war ihr Oberster" (1Sam 22,2). David wird der Sünder Geselle, der Freund und Vertraute der Mühseligen und Beladenen, der Hoffnungslosen und Betrübten. Er teilt mit ihnen ihr Leben, er ist ihr Oberster – ist David ein Räuberhäuptling, der in seiner Not es mit den Desperados hält wie andere auch? David ist für das biblische Zeugnis immer und überall der Gesalbte Gottes. In seinen Lenden ist Christus.

Die große *Versuchung* Davids während der Jahre der Flucht und Verfolgung ist es, sein Königtum *mit Gewalt* an sich zu reißen, *Blut* zu vergießen, das Reich vorzeitig aufzurichten, bevor es Gott gefällt. War er der Erwählte, so konnte er ja jeden Tag, der der Aufrichtung des Reiches verloren ging, als sinnlos und verloren betrachten. Warum sollte er nicht den, der ihm im Wege stand, Saul, warum sollte er nicht *jeden*, der sich ihm in den Weg stellte, einfach in der Gewissheit seiner Berufung vernichten. So trug es der Teufel immer wieder an ihn heran. Aber die Aufrichtung des messianischen Reiches hat ihre Zeit, die ihr von Gott gesetzt ist und der David nur *gehorchen* kann. So erfüllt David die Zeit seiner ihm verordneten Leiden, und wartet „bis ich erfahre, was Gott mit mir tun wird" (1Sam 22,3). David leidet um seines Reiches willen – er kann das messianische Reich nur durch die Zeit seines Leidens ererben. Er bleibt frei von Gewalt und Blutschuld. Zweimal wird Saul in seine Hand gegeben. Aber noch ist Saul der Gesalbte, wenn auch der verworfene Gesalbte Gottes. „Das lasse der Herr ferne von mir sein, dass ich das tun sollte und meine Hand legen an meinen Herrn, den Gesalbten des Herrn; denn er *ist* der Gesalbte des Herrn" (1Sam 24,7). Und als er nur den Zipfel vom Rock des Saul abgeschnitten hat, schlägt ihm sein Herz (1Sam 24,6); denn er spürt die Macht der Versuchung und er sieht, wie der Teufel am Werk ist, das verheißene Reich im Keime zu verderben. Zum zweiten Mal tritt der Versucher in der Gestalt des Abisai noch näher an ihn heran. „*Gott* hat deinen Feind heute in deine Hand beschlossen, so will ich ihn mit dem Spieß stechen" (1Sam 26,8). David soll Gottes eigenen Willen erkennen, dem Saul den Tod zu geben, und sein Reich aufzurichten, und der Zeit seines Leidens ein Ende zu machen. So argumentiert der Teufel vom Paradies bis zur Versuchung Jesu mit Gottes eigenem Wort, hier mit Gottes Wort aus der gegebenen – „gottgegebenen" – Situation. Aber David weist den Versucher hinter sich – „wo *der Herr* ihn nicht schlägt – so lasse der Herr fern von mir sein" – 1Sam 26,10. David bleibt der Wehrlose, der Verfolgte und Leidende um des Reiches willen. Und indem er so Böses mit Gutem vergilt, bringt er den Saul zweimal zur Erkenntnis seiner Sünde. Nicht durch Gewalt, sondern durch Liebe gewinnt er das Herz des verworfenen Saul. 1Sam 24,18: „Du bist gerechter als ich. Du hast mir Gutes bewiesen; ich aber habe dir Böses bewiesen". 1Sam 26,21: „Ich habe gesündigt, komm wieder, mein Sohn David, ich will dir fürder kein Leid tun, darum dass meine Seele heutigestags ist teuer gewesen in deinen Augen." ... David: „Der Herr wird einem jeglichen vergelten nach seiner Gerechtigkeit und seinem Glauben – er errette mich von aller Trübsal." Saul: „Gesegnet seist du, mein Sohn David, du wirst es tun und hinausführen" – der David fluchte, muss ihn segnen, der Feind muss ihn lieben und sein Herz bekehren, um der Salbung, um des Leidens des David willen. Der Feind des Messias, der ihm nach dem Leben steht, liebt ihn in dunkler Liebe, die immer wieder Hass wird.

Aber, dass es deutlich werde, dass es allein Gottes gnädige Vorsehung ist, die David vor der Blutschuld bewahrt, wird David noch einmal hart an den Rand der Sünde geführt. Er will Nabal, der ihn gehöhnt und verachtet hat, töten (1Sam 25). Da schickt Gott die Abigail, und Davids Hand bleibt von Blutschuld unbefleckt. Und David erkennt Gottes Führung und bekennt 1Sam 25,32: „Gelobt sei der Herr, der Gott Israels, der dich heutigestages hat mir entgegengesandt – gesegnet seist du, dass du mir heute gewehrt hast, dass ich nicht in Blutschuld gekommen bin *und mir mit eigener Hand gehol-fen habe.*" Auf das Letzte kommt es an, der Gesalbte Gottes darf sich nicht mit eigener Hand helfen. Er muss warten und leiden, bis sein Gott ihm hilft. So hat es David getan. Wo er im Krieg Blut vergießt, ist es *Gotteskrieg*, auf Gottes ausdrück-lichen Befehl (1Sam 23,2 ff!). Als Saul vom Herrn geschlagen ist und Jonathan mit ihm, da *leidet* David zum letzten Mal um ihretwillen. Er bricht nicht in Freude aus, sondern er leidet und weint um ihren Tod. So wird er als der gehorsame Gesalb-te und durch viel Versuchungen Bewährte, als der Verfolgte und Leidende, Böses mit Gutem Vergeltende, von Gott auf den Thron des messianischen Reiches erhoben.

II. Der messianische König

Die zweite Salbung

Der göttlichen Salbung durch Samuel folgt eine zweimalige Salbung durch die Männer von Juda (2Sam 2,4), dann durch die Ältesten in Israel (2Sam 5,3). Diese zweite Salbung ist die sichtbare Beglaubigung der ersten Salbung, die im Verbor-genen geschah. Nun ist David nicht mehr verborgener, lei-dender, sondern sichtbarer, triumphierender König. Durch diese sichtbare Salbung merkt David, dass Gott ihn nach den Zeiten der Versuchung und Verfolgung als König bestätigt hat. Er hat die Zeit der Versuchung bestanden. Gott sagt durch sein Volk Ja zu ihm. Das Volk fällt ihm zu und nennt ihn seinen König. Er ist König *um des Volkes Israel willen* (2Sam 5,12), *um der Kirche willen.* Das heißt, sein Königtum ist Dienst. Er kommt nicht, um sich dienen zu lassen, son-dern um zu *dienen.* Im Dienst am Volk Gottes besteht sein Königtum.

Seine erste Tat ist die Eroberung von Jerusalem, der Burg
Zion. Das bisher Unmögliche gelingt ihm, die von keinem
vor ihm einnehmbare Stadt, die noch in letzter Stunde ihren
Spott gegen ihn hat (2Sam 5,8), die letzte Festung des Feindes
des Volkes Israel wird eingenommen und gerade sie muss nun
zur Stadt Gottes für alle Zeiten werden. Dem gesalbten König kann kein Feind mehr trotzen. Er muss den Platz räumen
und an seiner Stelle wird die Lade Gottes stehen, wird Gott
wohnen. David holt die Lade ein, „deren Namen heißt: Der
Name des Herrn Zebaoth wohnt drauf über den Cherubim"
(2Sam 6,2). In Jerusalem bekommt die Lade ihren festen Ort.
War sie bisher mit den Kindern Israel umhergewandert – das
Zelt ist *gerade* das Zeichen der Wanderschaft –, so bleibt ihr
Ort nun fest. Das heißt, das Reich Gottes ist errichtet, es steht
fest, die Zeit des Wanderns und Umherirrens ist vorüber. Das
Königtum Gottes steht fest in Davids Thron auf dem Berg
Zion. Bei der Einholung der Lade muss das Volk Israel und
David lernen (2Sam 6,8), dass Gott zu seinem Werk keiner
fremden Hilfe bedarf; als die Lade auf dem Wege ins Wanken
gerät und Usa zugreift, stirbt er im selben Augenblick, vom
Grimm Gottes getroffen (2Sam 6,7). Gott bedarf zu seinem
Weg keiner Menschenhilfe, auch nicht der fromm gemeinten.
Gottes Heiligkeit verbietet den eilfertigen menschlichen Zu-
griff bei seinem Werk.

Als dann die Lade in die Stadt gebracht wird, demütigt sich
David, denn „er tanzte mit *aller Macht* vor dem Herrn her und
war begürtet mit einem leinenen Rock". Im Kleid des Priesters
führt er als der Priesterkönig den Gottesdienst an (2Sam 6,14).
Als Priesterkönig tritt er neben das Volk, unter Knechte und
Mägde, in Demut und Gehorsam gegen Gott. Er ist einer von
ihnen, der Erwählte Gottes, aber ihr Bruder. Und sein Lohn
ist abermals der Spott durch Michal, die Tochter Sauls, die sich

den Priesterkönig David in anderer Würde gedacht hatte als in der Würde der Demut. Aber David sagt: „Ich will noch geringer werden denn also und will niedrig sein in meinen Augen und mit den Mägden zu Ehren kommen" (2Sam 6,22). Ein Triumphzug *in Niedrigkeit* und *Sanftmut* – so zieht David der König und Priester mit der Lade, der Gegenwart Gottes, in Jerusalem ein, als der dienende König seines Volkes. „Gelobt sei, der da kommt im Namen des Herrn" – schrie das Volk zu Jerusalem, als Jesus einzog. „Der Name des Herrn" – so heißt die *Lade*, mit der *David* einzieht. Gelobt sei, der da kommt und mit ihm die *Gegenwart* Gottes, so gilt es für David und für Christus. Nun hat der König Ruhe in seinem Haus vor seinen Feinden (2Sam 7,1), sein Thron ist fest gegründet.

Der verheißene Tempel Gottes

Eben diese Ruhe versteht nun David als die Erfüllung der dem Mose gegebenen Verheißung – „Ihr werdet in dem Lande wohnen, das euch der Herr, euer Gott, wird zum Erbe austeilen, und er wird euch Ruhe geben von allen euren Feinden um euch her und ihr werdet sicher wohnen; wenn dann der Herr, dein Gott, einen Ort erwählt, dass sein Name daselbst wohne ..." (5Mose 12,10). Diese Verheißung versteht David als Befehl, Gott nunmehr den festen Ort zu geben, an dem er wohnen soll, ihm den Tempel zu bauen. Es ist sein Gehorsam gegen die Verheißung, der ihn zu diesem Vorhaben bringt. Der Tempel soll die Herrlichkeit des ihm von Gott gegebenen Reiches vollenden. Erst der Tempel erfüllt die Verheißung der Stadt Gottes. Königtum und Priestertum gehören zusammen (siehe Ps 78,68 ff). David beweist seinen demütigen Gehorsam darin, dass er nicht aus eigener Machtvollkommenheit selbstständig ans Werk geht. Er fragt den Propheten, den ihm Gott gegeben hat, Nathan.

Nathan empfängt des Nachts das Wort Gottes, das sowohl ein Nein wie auch ein unermesslich großes Ja auf Davids Frage enthält. *David soll den Tempel nicht bauen. Zwei Gründe* stehen dagegen: *Erstens*, Gott will im Zelt wohnen bleiben – das Zelt als das Zeichen der Wanderschaft besagt, dass die Verheißung von 5Mose 12,10, die David erfüllt glaubte, eben *noch nicht* erfüllt ist. David ist noch nicht der König, der Ruhe hat von allen seinen Feinden und sicher wohnen wird – 1Kön 5,17: *Salomo*: „… David konnte das Haus nicht bauen dem Namen des Herrn seines Gottes wegen des Krieges, damit sie ihn umgaben." 1Chr 28,3: „Du bist ein Mann des Krieges und hast Blut vergossen" (und 1Chr 22,8) – damit ist gesagt: Das Reich Davids ist noch nicht das Reich der ewigen Ruhe. Es wird aber ein König des Friedens und nicht des Blutvergießens sein, der den Tempel bauen soll. Der Tempel Gottes steht in einem *Friedensreich*. Wer ist dieser König? Salomo hat die Verheißung auf sich bezogen. 1Kön 5,4: „Jetzt gab mir der Herr, mein Gott, Ruhe ringsum und ist kein Widersacher, kein böses Hindernis mehr". Und Salomo baute den Tempel – aber er fiel ab – der Tempel wurde zerstört – die Frage erhebt sich aufs Neue: Wer ist der König des Friedens?

Zweitens: Gott fragt: „Solltest du mir ein Haus bauen?… Der Herr verkündigt dir, dass der Herr dir ein Haus bauen will" (2Sam 7,5.11). Was ist das Haus Gottes? Was ist der Tempel, die Kirche? Nicht ein Haus, das irgendein Mensch bauen kann, nicht einmal der gesalbte Priesterkönig David, sondern es ist Gottes eigenes Haus (1Chr 17,14) und darum sein eigenes Werk, von oben her gebaut. Der Baumeister ist im Himmel. Das war das Missverständnis Davids, dass er meinte, er könne dem Herrn selbst eine Kirche bauen. Es war ein frommer, aber doch ein gottloser Gedanke. Die Kirche baut Gott selbst. „Solltest du mir ein Haus bauen?" – sollte der Mensch den Ort Gottes in der Welt bestimmen und die Weise, in der Er unter den Menschen wohnen will? Sollte nicht dein selbsterwähltes und selbsterbautes Haus ein Werk und Tempel deiner Religiosität sein, aber nicht der Verheißung Gottes? Ein Haus, in dem du anbetest ohne Verheißung, sollte nicht das Haus, das du baust, unter allen Umständen dich und dein Volk eurem Gott abtrünnig machen? Kein Mensch bestimmt, was die Kirche sei und wie sie sein solle, sondern Gott allein. „Der Herr will dir ein Haus bauen" – das ist das Ja zu Davids Frage. Der gnädige Gott beantwortet die gottlose Frage Davids mit einer nie dagewesenen Verheißung. Er verheißt ihm nicht nur sein Königtum, sondern ein Haus, ein Reich, eine Kirche, die Gott selbst baut. Wie wird dieses Haus aussehen?

Vers 12. David wird sterben. Wenn er schlafen wird mit seinen Vätern, dann wird sein Same, der von seinem Leibe kommt, erweckt werden. Das scheint in *zukünftige* Zeiten zu weisen. Dieser Same Davids soll das Reich behalten. Nicht mehr dem David selbst, aber doch ihm in seinem Samen, denn sein Same ist in ihm, soll das Haus Gottes gebaut werden.

Vers 13. Dieser Same Davids soll Gott nach seiner Verheißung ein Haus bauen und sein Reich wird in Ewigkeit bestehen. Also doch ein Mensch, der Gott sein Haus baut? Und dessen Reich *ewig* sein wird? Auf wen geht diese Verheißung, die Salomo auf sich bezog, ohne von Gott gestraft zu werden.

Vers 14. Die Verheißung verdichtet sich. Es wird der menschliche Same Davids Gottes Sohn genannt werden und Gott wird sein Vater sein. Und durch diesen Samen wird der Tempel Gottes gebaut werden und dieser Tempel des Sohnes Gottes, der Gottes eigener Tempel sein wird, soll ewiglich bleiben (Vers 16). Ist Davids Same Gottes Sohn, so ist seine Herrschaft Gottes eigene Herrschaft, so muss es schließlich offenbar werden, dass Gott seine Herrschaft durch den Davids-Sohn aufrichten will, und dass diese Herrschaft und dieser Tempel in Ewigkeit bleibt. So sagt es der Psalm Davids Ps 2,7 f: „Du bist mein lieber Sohn, heute habe ich dich gezeugt ... Ich will dir die Heiden zum Erbe geben und der Welt Enden zum Eigentum." Und Ps 110,2: „Der Herr wird das Zepter deines Reiches senden aus Zion: Herrsche mitten unter deinen Feinden." Davids Sohn wird Gottes Sohn sein, Davids Herrschaft wird Gottes Herrschaft und Reich sein und wenn David längst schlafen wird, wird sein Reich in Ewigkeit bleiben.

Der Same Davids soll nicht mehr durch Gottes Zorn vernichtet werden, sondern mit Menschenruten soll er gezüchtigt werden, wenn er sündigt. Wie der Vater sein Kind züchtigt, weil er es liebt, aber es nie vernichtet, so soll von Davids Samen „Gottes Barmherzigkeit nicht mehr entwandt werden, wie ich sie entwandt habe von Saul" (Vers 15). Sondern Vers 16 „dein Haus und Königreich soll beständig sein ewiglich vor dir und dein Stuhl soll ewiglich bestehen". Das Haus Davids, das Gott selbst gebaut hat, wird das Reich und die Herrschaft Gottes sein. Der Tempel, den Salomo baute, war vergänglich – durch Menschenruten – er war nicht das ewige Haus – er ist nur der Schatten jenes unvergänglichen Tempels von dem Jesus, der Sohn Davids, bezeugt, dass er ihn abbrechen und nach drei Tagen wieder aufrichten werde Joh 2,19: „Er redete aber vom Tempel seines Leibes." Das Haus, das Gott sich bauen will, ist der Same Davids, ist der Leib Christi, seines Sohnes – und dieser Leib ist Christus und in ihm seine Gemeinde. Dieser Leib des Sohnes Gottes ist die neue Menschheit, die aus dem Samen Davids nach der Verheißung Gottes durch den Christus Jesus und in ihm geschaffen ist. So empfängt David die Verheißung, dass in ihm der Leib Christi, die Kirche Christi schon verborgen sei. Auf wen geht die Verheißung? auf den Samen Davids – den menschlichen Samen – denn er wird sündigen, also auch auf Salomo – aber das Reich wird ewiglich bleiben – das ist allein

Gottes eigenes Reich – so geht die Verheißung über Salomo cf. 1 Kön 8,20 und das Haus Davids auf *Jesus Christus.*

David empfängt im Glauben diese Verheißung. Er erkennt, dass sowohl er wie sein Volk damit von allen Königen und Völkern ausgesondert sind ohnegleichen. – „Wer bin ich, Herr, Herr, und was ist mein Haus, dass du mich bis hierher gebracht hast?" (Vers 18, Vers 23). Aber nicht nur die vergangene Gnade, sondern erst die gnädige Verheißung von „fernem Zukünftigen" (Vers 19) demütigt David. So wird David getrost sterben, denn er weiß, er wird leben (Ps 118,17). Ps 22,23: „Ich will deinen Namen predigen meinen Brüdern …" (vgl. Hebr 2,12). Er, das heißt sein Same, wird erweckt werden zum Leben, und der Sohn Gottes und sein Haus, das ist, das Haus, das Gott ihm bauen wird, wird ewiglich bleiben. Im Dunkel bleibt der kleine Versteil – „und das nach dem Gesetz der Menschen", „nach der *Weise* eines *Menschen,* Herr, Herr" (Vers 19 b). *Luthers Randglosse:* „Das ist, Du redest mit mir von solchem ewigen Reich, da niemand kann König sein, er muss *Gott und Mensch* sein, weil er mein Sohn und doch für und für soll König sein, welches allein Gott angehört." Ist es die staunende, ehrfürchtige Anbetung, dass Gott sein Reich, seine Verheißung erfüllen wird in der Weise eines Menschen, als ein Mensch, als Menschgewordener? Ist es der dunkle Hinweis auf die Nacht, in der die Geburt Jesu Christi, des Sohnes Gottes, in der Stadt Davids von den himmlischen Heerscharen verkündigt wird?

Vers 23 ff: Das Volk Israel wird das Volk Gottes bleiben in Ewigkeit, das einzige Volk, das nicht vergehen wird, denn Gott ist sein Herr geworden. Gott hat in ihm Wohnung genommen und sein Haus gebaut. Die Kirche, das wahre Israel, ist verheißen. Wie sollte David das Bekenntnis seiner Demut und des Dankes anders enden als mit der Bitte, Gott wolle sein Wort bekräftigen in Ewigkeit – Er wolle tun, wie Er geredet hat. Er wolle seinem Volk, seiner Kirche treu bleiben.

III. David, der gerechtfertigte Sünder

Die Sünde

Der messianische König David fällt und wird zum Sünder. Seine Sünde ist die Sünde der Großen, die Gefahr der von Gott Begnadigten und Beschenkten, nämlich die *falsche Sicherheit* (securitas statt certitudo). So beginnt unsere Erzählung damit, dass David nicht mehr, wie gewöhnlich, mit seinem Heer zum Kampf auszieht, sondern Joab schickt und selbst in Jerusalem bleibt (2Sam 11,1). Er fühlt sich sicher in der Stadt Gottes. Er beginnt die Furcht Gottes zu verlieren, dessen Ruf den Begnadigten gerade zur ununterbrochenen Tat zwingt. Diese Tage in Jerusalem führen ihn zum Sturz. Er sieht vom Dach seines Königshauses die Batseba und findet Gefallen an ihr. Er hört, sie sei das Weib Uria's, des Chittiters. Abermals treibt ihn die gottlose Sicherheit seiner Macht zur Sünde. Er begeht Ehebruch, und Batseba schickt zu ihm Boten: „Ich bin schwanger geworden" (2Sam 11,5). Kann die Sünde so nicht verborgen bleiben, so muss eine weitere Sünde getan werden. David lässt Uria aus dem Feld zurückholen (11,6) und befiehlt dem Uria, zu seiner Frau zu gehen, eben um seine Sünde zu verdecken. Uria als treuer Knecht Davids wacht aber in der Nacht an Davids Tür und geht nicht zu seinem Weibe (11,8-13). Jetzt missbraucht David frevelhaft sein Recht als Feldherr und lässt Uria, in der Schlacht vom Feind an gefährdeter Stelle töten. So wird er um seines Ehebruchs willen zum Mörder. David, der messianische König, ist Ehebrecher und Mörder geworden. Und er bleibt in seiner gottlosen Sicherheit, die die Wurzel dieses Falles war, unerschüttert. David nimmt Batseba zum Weibe und lebt mit ihr und sie gebiert ihm einen Sohn. David, zum Sünder geworden, erkennt seine Sünde nicht, sondern verhärtet sich in ihr ein Jahr lang.

„Aber die Tat gefiel dem Herrn übel, die David tat" (11,27). Gottes Verheißung ist dem David zu groß und schwer geworden. Er wurde an ihr zum Sünder. Er blieb nicht in der Demut, sondern er sündigte auf die Verheißung hin, er sündigte auf Gnade. Auch die Gnade Gottes will getragen sein, und je größer sie ist, desto leichter zerbricht der Mensch an ihr. Für solche Gnade, in sich den Christus der Welt zu tragen, war David zu schwach.

Aber Gottes Verheißungen können an der Sünde Davids nicht zuschanden werden. „Glauben wir nicht treu, so bleibt er doch treu. Er kann sich selbst nicht verleugnen" (2 Tim 2,13). Gottes Verheißung ist dem David für die *Ewigkeit* gegeben. Er hält an seiner Verheißung und an seinem Gesalbten fest. Und abermals handelt Gott durch seinen Propheten.

Die Verstockung Davids ist so groß, dass er es wagt, einen anderen Menschen um einer gewiss leichteren Sünde willen, als er sie begangen hat, des Todes schuldig zu sprechen, bis Nathan ihm sagt: Du bist der Mann. Es ist ja das Wesen der Verstockung, dass wir uns selbst in einer anderen Situation vor Gott sehen als den anderen. Wir stehen unter einem Sonderrecht. Was uns recht ist, ist dem andern noch lange nicht billig. Und nun bekommt David durch Nathan zu erfahren, als wer er selbst wirklich vor Gott dasteht. Als der, den Gott zum König gesalbt und dem die Verheißung Gottes zuteilwurde, den Gott errettet hat aus vielen Nöten und Gefahren, den er überschüttet hat mit Gütern – als der, an dem Gott seine ganze Gnade erwiesen hat, und noch viel mehr Gnade erweisen will (2 Sam 12,8), als der Mann unter der Gnade Gottes ist er zum Sünder geworden. Er hat das Wort des Herrn verachtet (12,9). Darum muss sich nun an David schon vollziehen, was Gott seinem Samen angedroht hat. Er will ihn schlagen mit Menschenruten, aber er will ihn nicht vernichten. David hat unschuldiges Blut vergossen, „darum soll von deinem Hause das Schwert nicht lassen *ewiglich*" (12,10). David hat die Ehe eines anderen gebrochen, darum sollen seine Weiber von anderen geschändet werden (12,11). Worin einer sündigt, damit wird er auch gestraft. Durch Davids Sünde kommt das Schwert über Davids Haus *ewiglich* – mit den letzten Jahren der Regierung Davids beginnt es, über Salomo und das davidische Haus geht es weiter. Davids Haus wird gezüchtigt durch das Schwert, das immer wieder aus Davids eigenem Haus herkommt und das eigene Volk Gottes zerfleischt. Davids Reich sollte ein Friedensreich sein, aber das Schwert ist seine dauernde Bedrohung. Der Kampf zwischen der Gewalt, die das Schwert trägt und der Kirche Gottes ist angekündigt und bleibt nun „ewiglich". Davids Sohn, Christus und seine Kirche werden geschlagen von der Gewalt, die das Schwert trägt; und das Schwert züchtigt und tötet wohl leiblich, aber es tötet nicht die Verheißung. Vielmehr – und das ist das Wunder der göttlichen Züchtigung – das Schwert, das gegen das Haus Davids gerichtet ist, – bringt der Kirche das Leben und die Verheißung wieder. Der gekreuzigte Christus steht auf, die Kirche unter dem Kreuz, unter der Züchtigung durch das Schwert, empfängt neues Leben. So ist in der Strafe Davids die ganze Gnade Gottes eingeschlossen, so bekennt sich Gott gerade durch sein Strafwort an das Haus David zu seiner Verheißung. Er bleibt dem Haus Davids in seinem Fallen treu. Und Vers 11: Aus Davids eignem Haus soll ihm die Schande entstehen, aus seinem eignen Haus soll der aufstehen, der Davids Leib an seinen Weibern schändet (vgl. 16,22). Aus der Kirche des Messias selbst soll der Sohn, der Absalom, sich erheben und die Kirche vor aller Welt – an der lichten Sonne (12,11) – entheiligen. Die Entehrung der Kirche Gottes kommt von innen, aus ihr selbst, *Absalom* – das ist der Schatten aller derer, die bis in die Gegenwart als Söhne der Kirche die Schänder der Kirche sind. Und sie müssen ihr furchtbares Werk tun kraft der drohenden Verheißung Gottes – aber weh dem, durch den dieses Werk geschieht.

Sie werden *sich selbst* zum Gericht und zum Fall, sie fangen sich selbst ein. Absalom bleibt mit seinen Haaren im Baum hängen und empfängt so den Tod. *Das Schwert* als dauernde Bedrohung des Bestandes seines Hauses – *der Schänder von innen* – das ist das Gericht Gottes über Davids Sünde.

David hat jetzt Gottes Wort zum ersten Mal seit seiner Sünde wieder gehört. Was er selbst nicht vermochte, nämlich seine Sünde einzusehen, eben um seiner verstockten Sicherheit willen, das vermag nun das ihm durch einen anderen Menschen gesagte Wort Gottes. David erkennt aus dem ihm verkündigten Wort Gottes und aus ihm allein seine schwere Sünde. Gott wartet lange, er lässt den gefallenen Menschen den Weg seiner Sünde voll zu Ende gehen, er lässt ihn sich verhärten und verstocken – das Wort Gottes hat seine Zeit. Dann schlägt es ein und richtet. Vers 13: „Da sprach David zu Nathan: Ich habe gesündigt wider den Herrn. Nathan sprach zu David: So hat auch der Herr deine Sünde weggenommen; du wirst nicht sterben." Der König David bekennt seine Sünde unter dem Wort Gottes, und weil es so ein rechtes Bekenntnis und rechte Buße ist, gibt Nathan dem David zu wissen, dass Gott ihm seine Sünde schon vergeben habe. Das „so" besagt, dass es das eine Wort Gottes ist, das den David richtet und freispricht. Es ist dasselbe Wort, das in die tiefste Buße und Demütigung treibt und begnadigt; denn es ist der eine Gott, der zu seinem Knecht zurückkehrt und das nur kann durchs Gericht. Gott kommt im Kreuz als der seine Kirche Strafende und Vergebende. Ist aber Gott wieder da, so kann David nicht sterben an seiner Sünde, sondern er lebt als vor Gott gerechtfertigter Sünder. Gott kommt in Christus zum Sünder. Weil aber Gott ein Gott ist, der die Sünde der Väter heimsucht an den Kindern, – darum muss der Sohn des Ehebruches sterben. Er soll nicht der echte Same Davids sein. „Und der Herr schlug das Kind, dass es todkrank ward, und David suchte Gott um des Knäbleins willen" (Vers 15.16).

David kann jetzt wieder beten, er kann wieder Gott suchen, nachdem er ihn gefunden hat; es ist kein Unrecht, dass David Gott um seines Kindes willen bittet; es ist ein gläubiges sich demütigen vor Gottes Gerichten und sich an ihn halten in seiner Not mit Fasten und Beten. Durch Fasten und Beten aber allein werden die bösen Dämonen ausgetrieben (Mk 9,29). Dass David sich in diesen sieben Tagen der Buße nicht an Gott versündigt, wird daraus deutlich, dass er zu der Stunde, als er von dem Verlust, der Strafe Gottes, vom Tode seines Kindes hört, aufsteht, sich wäscht, salbt, in den Tempel geht und Gott anbetet (Vers 20). Er empfängt Gottes Gericht im Glauben und weiß, es ist ein gerechtes Gericht, und betet seinen Gott an. Er ist wieder mit Gott im Frieden.

Vers 24f: „Und da David sein Weib Batseba getröstet hatte, ging er zu ihr hinein und schlief bei ihr. Und sie gebar einen Sohn, den hieß er Salomo. Und der Herr liebte ihn. Und er gab ihn in die Hand Nathans, des Propheten, und der hieß ihn Jedidjah' (das ist Liebling des Herrn) um des Herrn willen." David, der gerechtfertigte Sünder, erhält Batseba zum zweiten Mal zum Weibe. Batseba bleibt das Weib seines Ehebruches, er darf sich von der Schuld seiner Vergangenheit nicht einfach trennen. Batseba bleibt ihm die dauernde Erinnerung an seinen Fall, an seine Demütigung, an Gottes Gericht und Vergebung. Er muss sich damit begnügen, dass über seiner Ehe mit Batseba, die er nicht von sich stoßen darf, der Friede Gottes ausgesprochen bleibt. Und so nennt er den Sohn, den er am Tag seines Friedensschlusses mit Gott erzeugt – Salomo, denn er ist ein Sohn des Friedens. Und der Herr hatte Salomo lieb. Er bekennt sich zu seinem Frieden und David gibt den Salomo dem Propheten Nathan, durch dessen Wort er den Frieden Gottes wieder empfangen hatte.

Salomo ist der Sohn einer Ehe, die mit Ehebruch und Blutschuld begann, Mt 1,6: „Der König David zeugte Salomo von dem Weibe des Uria", er stammt aus dem sündlichen

Fleisch des David und der Batseba, aber er ist auch der Sohn, auf dem der Friede Gottes ruht. Der Same Davids, der seine Verheißung tragen soll, kommt in diese Welt im Fleisch der Sünde, ἐν τῷ ὁμοιώματι σαρκός Röm 8,3, aber als der König des Friedens. Wer ist dieser Same Davids?

David erkennt nun auch wieder sein Amt als König, mit dem Volk Gottes gegen die Feinde zu streiten. „Also nahm David alles Volk zuhauf und zog hin und stritt wider Rabba und gewann es" (Vers 29) und kehrte mit seinem ganzen Volk mit einer neuen Königskrone nach Jerusalem zurück (Vers 30 f).

Die Strafe

Die letzten Jahre der Regierung Davids bringen David täglich die Wirklichkeit der Strafandrohung Gottes zu Bewusstsein. Die Vergebung der Sünde nimmt die Strafe der Sünde nicht von uns. Auch der Glaubende muss sterben, den Sold der Sünde bezahlen, auch David verfällt der Strafe seiner Sünde. Aber die Strafe wird nun nicht mehr erfahren als der Zorn Gottes, sondern als die gnädige Züchtigung Gottes, der uns alle Sünden vergibt. Freilich, es gilt sich dieser Strafe tief zu beugen und ihr nicht zu widerstehen. Denn die Sünde will ihre Strafe, in dieser oder in jener Welt. David beugt sich, er ist wieder demütig geworden. Sein Sohn Amnon schändet das Haus, indem er seine Halbschwester schwanger macht. Absalom ermordet den Halbbruder. Die Sünden Davids wiederholen sich in seinen Söhnen. Amnon schändet die Ehe, Absalom ist Mörder. Dazu vollstreckt sich die Verheißung Gottes – Absalom greift zum Schwert gegen seinen Vater, nicht nur nach Brudermord, sondern nach Vatermord steht er. Er schändet selbst die Weiber seines Vaters „an lichter Sonne" und schändet damit das Haus Davids (2Sam 16,21 ff). David widersteht nicht, sondern er beugt sich der Strafe. Er muss Jerusalem verlassen – der gestrafte David leidet außerhalb der Tore Jerusalems, „und das ganze Land weinte mit lauter Stimme" (15,23). Er trägt den Fluch der Sünde, die Strafe seines Hauses, „und der König ging über den Bach Kidron" (15,23), denselben Bach, über den der Sohn Davids ging, als er die Strafe der Welt sich anschickte zu tragen, in der Nacht vor seiner Kreuzigung.

Er muss dem Priester, der die Lade Gottes mitnehmen will, dies verweigern. Er weiß sich nicht im Recht. Er ist der Leidende. Über ihm ist Gottes strafende Hand. Er kann Gottes Gnade nicht in Anspruch nehmen, nicht zwingen – und er gibt sich gerade dadurch ganz in Gottes Hand – „Werde ich Gnade finden vor dem Herrn, so wird er mich wieder holen und wird mich sie sehen lassen und sein Haus. Spricht er also: Ich habe nicht Lust zu dir, siehe hier bin ich. Er mache es mit mir, wie es ihm wohlgefällt" (15,25f). Auf dem Auszug aus Jerusalem über den Bach Kidron, um die Strafe seines Hauses zu tragen, flucht ihm Simei mit furchtbaren Worten (16,7). David trägt auch dies. Wieder wird Abisai, der Sohn der Zeruja, ihm zum Versucher, sich gegen die Hand Gottes aufzulehnen, dieses Leiden nicht zu tragen – wer darf dem gesalbten König fluchen? der ist des Todes (16,9) – aber David widersteht: „Ihr Kinder der Zeruja, *was habe ich mit euch zu schaffen?* Lasst ihn fluchen; denn der Herr hat's ihn geheißen: Fluche David. Wer kann sagen: Warum tust du also?" (16,10). David will die ganze Strafe Gottes auskosten und sich nicht schonen. Sie muss doch getragen sein. Er will sie tragen. Auf ihn falle der Fluch der Menschen, damit seinem Haus die Verheißung Gottes erhalten bleibe.

Und abermals bekennt sich Gott zu David. Die Feinde werden vernichtet und David kehrt heim. Und sie sandten zum König: „Komm wieder, du und alle deine Knechte. Also kam der König wieder" (19,14 f). Komm wieder, König David, Gesalbter Gottes, geprüfter und gestrafter und bewährter – komm wieder, König David, der du die Strafe deines Hauses getragen hast. Und David kommt wieder zu seinem Volk.

Unsre Frage ist: Wie ist jener David, der zum Sünder wurde, „Vorbild und Schatten Christi"? David ist Mensch, im sündlichen Fleisch, David ist nicht Christus, er ist nicht himmlisch, sondern irdisch. Wir verstehen, er ist nicht „Vorbild und Schatten" Christi in seinen moralischen Qualitäten, in seiner Heiligkeit. Er war es so auch nie. Er ist und bleibt es durch die Erwählung und Salbung und die Gnade Gottes, die ihm treu bleibt. Als der, den Gott durch sein Gericht beugt und demütigt und straft, und der Gottes Gericht auch als Sünder trägt und die Strafe Gottes auf sich nimmt und so die volle Gnade empfängt, gerade als der *gerechtfertigte Sünder* ist David, der gesalbte König, „Vorbild und Schatten" des gekreuzigten Christus.

Davids letzte Worte

„Es sprach David, der Sohn Isais, es sprach der Mann, der hoch erhoben ist, der Gesalbte des Gottes Jakobs, lieblich mit Psalmen Israels. Der Geist des Herrn hat durch mich geredet, und seine Rede ist auf meiner Zunge. Es hat der Gott Israels zu mir geredet, und seine Rede ist auf meiner Zunge: ..." (23,1 f). Die Tage Davids gehen zu Ende. Der Gesalbte, Versuchte, der Leidende, der Triumphierende, der gerechtfertigte Sünder – er ist durch seine Geschichte mit Gott hindurch der Gesalbte geblieben. Er ist der messianische König, und redet seine letzten Worte durch den Heiligen Geist, der nicht von ihm genommen wurde. Seine letzten Worte richten sich nicht auf Vergangenes, sondern sind Weissagungen des Geistes: „ein Gerechter – Herrscher unter den Menschen, ein Herrscher in der Furcht Gottes – und ist wie das Licht des Morgens, wenn die Sonne aufgeht, am Morgen ohne Wolken, da vom Glanz nach dem Regen das Gras aus der Erde wächst. Ist nicht mein Haus also bei Gott?" (23,3-5). Davids Haus ist der Träger der Verheißung – David selbst ist wohl der Gerechte, aber eben der als Sünder Gerechtfertigte, David fürchtet Gott, aber als Sünder, der seine Gnade erfahren hat – Davids Haus trägt die Verheißung – sein Haus wird hier deutlich personifiziert – es wird von ihm geredet als von einem Einzelnen, von einem Menschen. Es ist abermals das Zeugnis von dem Tempel Gottes, der Jesus Christus selbst ist und sein Leib. Jesus Christus wird sein der Gerechte ohne Sünde, die Gottesfurcht ohne Übertretung. Von ihm weissagt David, den er in seinen Lenden weiß, nach der Verheißung. Der ewige Bund (23,5) ist der Bund in Christus. Aus ihm wird all mein Heil und all mein Wohlgefallen wachsen (23,5). Aber die Bösen werden im Zorn Gottes mit Eisen und Spieß vernichtet werden; sie werden mit Feuer verbrannt werden an ihrem Ort. – Christus wird herrschen, aber die Heillosen werden verworfen sein ins Feuer (Vers 6.7).

Die Aufzählung der Namen der Helden Davids, die nicht ohne Bedeutung mit dem treuen Uria, dem Chittiter abschließt (Vers 8-39), ist die Bekundung, dass der, der Christus in seinen Lenden trägt und Christi Stuhl einnimmt, umgeben ist von Starken und Treuen, wie Christus auf seinem Stuhl umgeben ist von starken und heiligen Engeln.

Kapitel 24, das nach Vers 18 offenbar hinter Kapitel 6 gehört, enthält den Bericht von der Versündigung Davids, indem er sein Volk zählen will. Gottes Volk aber soll nicht gezählt werden. Gott allein kennt sein Volk in seiner Zahl. Die Zahl gibt dem Menschen Berechnung, die ihn vom Glauben abhält. Die Strafe Gottes folgt, David erwählt sich in die Hände Gottes zu fallen, das heißt die Pest. Diese macht vor der Mauer Jerusalems halt. David aber errichtet in Jerusalem Gott einen Altar. Hier schließt Kapitel 7 an.

Das Ende Davids wird sehr menschlich und sarkisch erzählt, wofür die Geschichte der Abisag von Sunem ein Beispiel ist. David ist Mensch, jetzt alter, erkaltender Mensch – aber der gesalbte König. Seine Schwäche wird von Adonia frevelhaft ausgenutzt. Aber Gott hält den alten David. Er stirbt, nachdem er seinem Sohn Salomo die Verheißung weitergegeben hat (1 Kön 2,1-4), nachdem er der Feinde des Hauses Gottes im Zorn gedacht hat (1 Kön 2,5 ff) im Glauben an den Spross seines Hauses nach der Verheißung, an Jesus Christus, der die Frucht seines Leibes ist. „Ich werde nicht sterben, sondern leben und den Namen des Herrn verkündigen" (Ps 118,17).

Der Wiederaufbau Jerusalems nach Esra und Nehemia

Bibelarbeit auf der Freizeit des ersten Finkenwalder Vikarskurses

21.04.1936

I. Die Erweckung

Die Gerichte Gottes über sein Volk kann nur Er selbst wieder wenden. Es bleibt dem zerstörten Jerusalem nichts als die Zuversicht, Gott werde sich nach seiner Verheißung wieder zu seinem Volk kehren, sonst gar nichts. Auflehnung gegen das Gericht Gottes wäre es, wenn hier einer von sich aus, ungerufen und unbeauftragt daran ginge, die zerstörte Kirche wiederaufzubauen. Und geschehe es mit noch so frommem Willen, mit noch so reiner Lehre, mit noch so großer seelsorgerlicher Liebe zum Volk. So handelt vorwitziges „frommes Fleisch", aber nicht der Glaube der Gemeinde Gottes. Sie wartet und beugt sich dem Gericht, bis Gott selbst wiederkommt, und sie betet um Erweckung. Aus der Erweckung durch den Geist Gottes kommt Erneuerung der Kirche. Niemals durch Restauration, niemals durch eigenmächtiges Aufhebenwollen der Gerichte Gottes. Nur durch seine Gerichte hindurch, nicht aber an ihnen vorbei kommt Gott wieder zu seiner Gemeinde. Die Erweckung führt aus dem Gericht in die Gnade. Darum ist das Gebet um die Erweckung der Anfang einer echten Erneuerung der Kirche.

Jerusalem ist zerstört. Der Tempel Gottes in seinem Allerheiligsten geschändet, die Priester gefangen und aus der Stadt gewiesen, die Mauern der Stadt sind niedergerissen, sodass es keinen Schutz gegen irgendeinen Feind mehr gibt. Wehrlos ist die Kirche jedem Angriff preisgegeben. Fremde Mächte, fremde Herren, fremde Götter sind in Jerusalem eingezogen. Die Gemeinde Gottes ist, vom Gericht und Zorn Gottes getroffen, in die Gefangenschaft heidnischer Gewalthaber geraten. Als Fremdling muss das Volk Israel unter den Gottlosen wohnen. Und wer darf sich wundern und entrüsten, wenn bei einer jahrzehntelangen Dauer heidnischer Gewalt- und Fremdherrschaft viele müde und mürbe werden, wenn ihnen trotz aller Bedrückung und Schmach das ohnmächtige Dahinvegetieren in relativer Sicherheit unter dem Schutz des fremden Königs lieber geworden ist als die verödete friedlose Stadt Gottes, der nur Eines geblieben ist: die Verheißung. Wohl sang man durch all die 50 Jahre hindurch Lieder der Sehnsucht nach Jerusalem, Lieder des Zornes über die gottlosen Gewalthaber. Wohl erwartete man mit Zittern und Freude den Tag, an dem Gottes Gericht auf Babylon fallen und Israel frei sein würde. Aber es war doch nur ein Teil der Exulanten, der so an der Verheißung blieb. Niemals hätte ein eigenmächtiger Aufstand zum Ziel geführt. Hier musste im Gehorsam gewartet werden auf den Ruf Gottes. Und nach langem Warten und Beten ruft Gott. Sein Ruf kommt in höchst seltsamer Weise; es ist ein doppelter Ruf. Gott erweckt den Geist des Cyrus im ersten Jahr seiner Regierung (Esra 1,1), ihm einen Tempel zu bauen in Jerusalem und das Volk Israel freizulassen. Und Gott erweckt den Geist von 42360 (2,64) Gliedern der gefangenen Gemeinde zur Rückkehr nach Jerusalem und zum Tempelbau (1,5). Was ist diese Erweckung des Cyrus? Cyrus kommt nicht zum Glauben, er wird nicht Jude. Er will dem Gott Israels neben andern Göttern auch die Ehre geben. Es sind heidnische Gedanken, die ihn dahin führen. Aber es ist Erweckung durch Gott, der die heidnischen Gedanken des politischen Machthabers benutzt, um seiner Kirche Raum zu schaffen. Cyrus begreift zwar nicht, was es um die Kirche, um das Volk Gottes ist, obwohl er selbst der Meinung gewesen sein mag, es zu wissen. Aber er gibt ihr Raum. *Das* ist genug. Er muss ihr dienen, wie Nebukadnezar einst dienen musste als Zuchtrute zur Vollstreckung des Gerichts an Israel. Die Erweckung der Obrigkeiten der Welt dient allein dazu, dass das Volk Gottes in Freiheit *„seinem"* (1,3) Gott dienen könne, in der Weise die Gott gefällt. Wie weit die Obrigkeit selbst begreift, was sie damit tut, ist nicht unbedingt wesentlich. Sie soll der Gemeinde Raum geben, dass sie „ein ruhiges und stilles Leben führe in aller Gottseligkeit und Ehrbarkeit" (1 Tim 2,2). Das ist alles.

Die Erweckung des Volkes Israel ist echte Erweckung des Glaubens aufgrund gegebener Verheißungen Gottes. Nicht Volksbewegung, nicht jüdische „Glaubensbewegung", nicht Schwarmgeisterei, sondern „Erneuerung" der Kirche Gottes im strengen Sinn des Wortes, die zum Wiederaufbau Jerusalems führt, Erweckung aufgrund von Verheißung. Dass es sich nicht um Mächte von unten, sondern um die Macht von oben handelt, geht auch daraus hervor, dass ein Teil des Volkes nicht mitzieht, dass vielmehr erst nach und nach in weiteren kleineren Gruppen die Rückkehr nach Jerusalem erfolgt. Die Zahl der Erweckten wird ausdrücklich angegeben. Sie ist immerhin so klein, dass die einzelnen Stämme und Familien angegeben werden können (Esra 2,1 ff). Diese Namen sollen der Erinnerung der Gemeinde aufbewahrt werden.

Die Schar der Erweckten hatte der Geist Gottes gemacht „wie einen Mann" (2,64), ein Ausdruck, der sich im Folgenden wiederholt zum Zeichen dessen, dass es der Eine Geist war, der sie leitete (3,1; 3,9). Im Blick auf die Verheißung Gottes waren alle Unterschiede abgetan, aus dem zerfallenen Volk Gottes war Ein Mann geworden, wie die Gemeinde aller Zeiten Einer ist in Christus (Gal 3,28).

Weil es Erweckung war, darum gab es hier keinen Zwang, auch keine Mitläufer, sondern es war alles auf Freiwilligkeit gestellt, Freiwilligkeit, die durch den Geist Gottes gewirkt ist. Es war ja auch durchaus keine einleuchtende Sache. Konnte das alles nicht eine List des Cyrus sein? Meinte es Cyrus ehrlich mit den Juden? War es nicht überaus gefährlich, den Auszug zu wagen, all die Mühe auf sich zu nehmen, um nachher an ein Trümmerfeld zu kommen? Wer solche Zweifel und Überlegungen noch hatte, musste zurückbleiben, er gehörte nicht zu den Erweckten. Wie sollte er auch die Anfechtungen und Nöte bestehen, die ihm auf dem Weg bevorstanden? Als viel später Artaxerxes wohl bereit gewesen wäre, dem Esra ein Geleit zu stellen, das der Gemeinde Gottes unter dem Schutz der politischen Macht auch ihren Heimzug gewähren sollte, da „schämte ich mich, vom König Geleit und Reiter zu fordern, uns wider die Feinde zu helfen auf dem Wege. Denn wir hatten dem Könige gesagt: „Die Hand unseres Gottes ist zum Besten über allen, die ihn suchen, und seine Stärke und Zorn ist über allen, die ihn verlassen" (Esra 8,22). Und es wäre ja ein Verlassen Gottes gewesen, hätte man fremde Hilfe begehrt. Die Gemeinde Gottes geht ihren Weg allein. Allein – in freiem Gehorsam gegen den Gott, der sie auf den Weg ruft. Solcher Gehorsam hat die Verheißung, besser: Solchen Gehorsam schafft sich allein die Verheißung. „Und die Hand unsers Gottes war über uns und errettete uns von der Hand der Feinde und derer, die auf uns hielten auf dem Wege und wir kamen gen Jerusalem" (8,31 f).

Aber nicht nur der Auszug, sondern schlechthin alles musste hier auf die Freiwilligkeit der Gemeinde gestellt sein. Das Wort „freiwillig" spielt hier in den Berichten eine besondere Rolle. Die Tatsache, dass eine Gemeinde bereit ist, den ihr von Gott verordneten Weg zu gehen, macht auch die, die nicht mitziehen, hilfsbereit und gebefreudig. Dort wo der Geist eine Gemeinde bewegt, dort gibt es außer dem Hass der Feinde durch die Freundlichkeit Gottes auch immer die Sphäre der Sympathie, sodass die Gemeinde „Gnade hatte bei dem ganzen Volk" (Apg 2,47). Mit freiwilligen Gaben helfen sie der Gemeinde (1,6). In Jerusalem angelangt, kann der Bau des Hauses Gottes abermals nur durch große freiwillige Opfer der Gemeinde begonnen werden (2,68 f). Die Zahl der Opfer hält sich auch nicht ängstlich an den Rahmen des Gebotenen, sondern sie geht darüber hinaus durch allerlei „freiwillige Opfer, die sie freiwillig taten" (3,5). Freiwillig nimmt auch die Gemeinde die Trennung von den heidnischen Weibern auf sich (Kapitel 10), freiwillig gehen die Obersten an den Mauerbau (Neh 2,18), freiwillig erlassen die Reichen den Armen ihre drückenden Schulden (Neh 5,10 ff). Nirgends wird drückender Zwang aufgerichtet, sondern das Gebot Gottes schafft sich überall freiwilligen und freudigen Gehorsam. Das alles ist nur möglich, wo der Geist Gottes selbst die Gemeinde erweckt hat, wo die Einzelnen bei ihrem Namen gerufen sind von ihrem Gott – darum die langen und zahlreichen Namenregister in diesen Büchern, denen die Listen in der Alten Kirche entsprechen, in die sich die Integrierten einzutragen hatten, – wo es „herausgerufene" Gemeinde, ecclesia im eigentlichen Sinn des Wortes ist. Nur eine solche Gemeinde kann Jerusalem wieder aufbauen.

II. Der Aufbau

Echte Erweckung gibt es nur aufgrund von gewisser Verheißung. Jeder Schritt, der nicht allein durch Glauben an die Verheißung, sondern auch noch durch allerlei eigne Pläne bestimmt ist, gefährdet das ganze Werk. Die Verheißung aber ist gewiss. Nicht in planlose Schwärmerei, sondern in zielbewussten Gehorsam gegen die Verheißung Gottes führt die Erweckung. Sie ruht auf der Stadt Jerusalem und ihrem

Tempel. Sie ist dem König David gegeben in Ewigkeit. Sein Same soll den Tempel bauen. Salomo wurde der Erbauer des ersten Tempels, der zerbrach, der Davidide Serubbabel muss es sein, der den Tempel zum zweiten Mal baut. Er baut ihn in der Kraft des Christus, dem in David die Verheißung gilt. Serubbabel empfängt von Cyrus die Geräte des Tempels zurück (Esra 1,8). Serubbabel ist der erste in der langen Reihe der Auswanderer, die aufgezählt werden (2,2). Dass sein Name an der Spitze steht, besagt, dass dieser Auszug zum Bau des Tempels auf Verheißung hin geschieht. In diesem Namen war der Name Christi enthalten. Neben dem königlichen Namen steht der Name Jesuas, der der Hohepriester der Gemeinde wurde (2,2 cf. 3,2 3,8 4,3 5,2).

Ihr erstes Werk ist die Errichtung eines Altars in Jerusalem zur Zeit des Laubhüttenfestes (Esra 3,1 ff). Noch war der Grund des Tempels nicht gelegt (3,6), aber der Ort der Anbetung und der Verkündigung ist wiedergewonnen und in Beschlag gelegt. Man fängt mit dem an, was einem geblieben ist, und das ist der Ort, an dem es Gott gefallen hatte zu wohnen, um sich von seinem Volk finden und anbeten zu lassen. Es ist eine „Notkirche", dieser Altar, aber eine Kirche unter der Verheißung. Die Feier des Laubhüttenfestes war in diesem Zeitpunkt besonders bedeutungsvoll. Eingesetzt zur Erinnerung an die Hütten, in denen Israel wohnte, als es zum ersten Mal aus der Knechtschaft in Ägypten geführt wurde (3 Mose 23,43), konnte nun die Gemeinde Gott über ihren eigenen Auszug aus der Knechtschaft in Babylon preisen und die unendliche Treue Gottes anbeten.

Erst im zweiten Jahr nach der Ankunft kann der Bau des Tempels beginnen (Esra 3,8). Die Gemeinde musste Geduld lernen. Die Kirche muss auch in aufregendsten Zeiten warten lernen! Zur Grundsteinlegung ist Serubbabel und Jesua und mit ihnen das ganze Volk der Gefangenschaft versammelt und unter jubelnden Dankchören und Psalmen Davids sieht das Volk auf den Trümmern der Burg Zion den Grund zum neuen Tempel gelegt. Zu dem Jauchzen des jungen Volkes aber gesellt sich das laute Weinen der alten Priester, „die das vorige Haus gesehen hatten" (3,12). Die Erinnerung an seine Herrlichkeit und seine schmähliche Verwüstung übermannte sie. So musste die Güte Gottes sich schänden lassen in der Welt, so durften die Feinde Triumphe feiern über den allmächtigen Gott, so musste Gott selbst das Volk seiner Gnade richten. Und aus dem Weinen der Alten, in dem sich ihre große Liebe zum Hause Gottes offenbarte, wuchs wiederum das hoffnungsvolle Jauchzen der Jungen umso mächtiger, „also, dass das Volk nicht unterscheiden konnte das Jauchzen mit Freuden und das laute Weinen im Volk, denn das Volk jauchzte laut, dass man das Geschrei ferne hörte" (3,13). Aber Jauchzen und Weinen waren ja eins in dem Dank, „dass der Herr gütig ist und seine Barmherzigkeit ewig währt über Israel" (3,11). Im Glauben war man ausgezogen, im Glauben hatte man das Werk des Wiederaufbaus begonnen, und an Serubbabel, dem Sohn Davids, wurde die Verheißung Gottes wahr.

III. Die Feinde

Das erste Gelingen macht die Umwelt aufmerksam. Die totgeglaubte Kirche ist wieder lebendig geworden. Sie ist wieder ein nicht mehr zu übersehender Faktor des öffentlichen Lebens. Es gibt nun zwei Wege für den, dem dieses Geschehen aus irgendwelchen Gründen unerwünscht ist. Erster Weg: Man macht sich diesen Faktor zunutze für die eignen Zwecke. Gelingt das nicht, so geht man zum offenen Angriff über. Es ist zunächst immer das Klügere, den schwierigen Gegner für sich zu gewinnen. Da müssen Konzessionen gemacht werden, oft weitgehende. Die Feinde der Kirche müssen sich dazu hergeben, ihre Mithilfe am Aufbau der Kirche anzubieten: Lasst uns zu gleichen Teilen die Arbeit übernehmen, Männer der politischen Macht und Männer der Kirche, lasst uns doch zusammen bauen! Es ist ja unser eigenstes Anliegen, auch wir wollen ja Kirche, wir erkennen ihre Notwendigkeit, wir haben ja denselben Gott wie ihr. Lasst uns zusammen bauen (Esra 4,1 f). Eine überaus schwierige Situation: Hier ist das Angebot der politischen Mächte an die Kirche. Hier ist nicht nur Schutz des eigenen Unternehmens, hier ist auch eine offene Tür, die doch nicht ins Schloss fallen darf. Hier sind Ansatzpunkte. Gewiss, die Motive, die zu diesem Angebot führen, mögen nicht ganz rein, nicht ganz uneigennützig sein. Aber kann man denn von den politischen Mächten etwas anderes erwarten? Ist es nicht schon etwas Ungeheures, wenn auf dem politischen Programm der Glaube der Kirche auch genannt ist? Dürfen wir die ausgestreckte Hand ausschlagen? Geht es hier nicht einfach darum, Vertrauen zu haben, und kann auf solches Angebot hin nicht wirklich Vertrauen von uns erwartet und gefordert werden? Und man denke nur einen Augenblick, man schlüge das Angebot aus, man bliebe misstrauisch, in der Reserve! Welche unabsehbaren Folgen? Wer will sie tragen? Wer will sie auf sein Gewissen nehmen? Gehört es nicht zum Wesen der Kirche, dass sie immer das Beste denkt und erwartet? Wäre es nicht eine Pharisäerkirche, die ein solches Angebot abschlüge, die für sich selbst sein will? Ist das nicht Sektiererei, führt das nicht zur Winkelkirche? Ist damit nicht der ganze Anspruch auf Öffentlichkeitsgeltung der Kirche aufgegeben? Also, welcher Verantwortliche, welcher Mann, der die Kosten überschlägt, bevor er einen Turm baut, welcher Jünger, der um die uns gebotene Schlangenklugheit weiß, wollte hier „Nein" sagen?

Und doch – die Antwort des Serubbabel ist ein klares „Nein". Es „geziemt uns nicht, mit euch zusammen unserem Gott ein Haus zu bauen, sondern wir allein wollen Jahwe, dem Gott Israels, bauen" (4,3). Diese Antwort ist nicht Willkür, nicht Übermut, sondern die Gemeinde ist nicht frei, anders zu antworten. Es ist nicht ins Belieben der Gemeinde gestellt, Mitarbeiter am Bau der Kirche zu dingen oder anzunehmen nach eigenem Gutdünken. So verlockend und erfolgversprechend es aussehen mag, einen aufbauwilligen Ausschuss von Männern aller Richtungen aufzustellen, so gewiss ist jede solcher Verlockungen für die Kirche eine tödliche Versuchung, von dem ihr gebotenen Weg abzugehen. Es kommt ja bei allem nur auf *eines* an, dass Gott seine Kirche baue, und wie soll Er sie bauen, wenn die Wahrheit des Einen Glaubens verleugnet wird. Nur im Glauben kann die Kirche gebaut werden, nur auf die Verheißung hin. Da gelten keine Beteuerungen, man sei auch gläubig, positiv, christlich –, da gilt allein die Wahrheit, die die Beteuerungen Lügen straft, also – das Angebot wird abgeschlagen. Es wird der Weg der Verheißung gegangen und nicht der Berechnung.

Kaum ist das Nein gesprochen, da fällt die Maske des Partners. Ist der geistliche Weg fehlgeschlagen, so muss der politische Weg zum Ziele führen. Politische Diffamierung, Denunziationen müssen dazu dienen. Das Entscheidende und Einfachste ist, man schreit Hochverrat. Dies Wort hat erstens einen durchdringenden Klang, man hört hin, es klingt zweitens sehr patriotisch, und man ist drittens gewiss, die Sympathien der Obrigkeit für sich zu gewinnen. Also, der Tempelbau ist Hochverrat gegen den persischen König. Man will ja damit nur eine politische Machtposition gewinnen, man will die politische Autorität untergraben und das Ende wird sein, dass ein Staat im Staat entsteht, dessen sich der König nicht mehr erwehren kann. Darum, principiis obsta – der Neubau der Kirche ist Hochverrat, der König soll ihn verbieten. So der Inhalt der Briefe der Widersacher an den König Artaxerxes (4,7 ff). Der König, der, selbst Heide und weitab von den Vorgängen, mit vielerlei anderen politischen Dingen beschäftigt, kein eigenes Urteil in diesen Fragen haben kann, leiht sein Ohr den Denunzianten und verbietet den Tempelbau (4,17 ff). Darauf ruht die Arbeit für einige Zeit durch *Gewalt* (4,23).

Als Nehemia viel später mit Genehmigung seines Königs an den Aufbau der Mauer von Jerusalem geht, stellt sich auch ihm der Feind in den Weg. Als er die Juden ans Werk gehen sieht, versucht er es zunächst mit dem Spott, aber auch hier sogleich verbunden mit der politischen Verdächtigung: „Ihr wollt euch wohl gegen den König empören!" (Neh 2,19) und dann: „Wollen sie die verbrannten Steine aus den Schutthaufen wieder lebendig machen?" (Neh 3,34) Die Antwort des Nehemia auf diesen Spott heißt: „Aber wir bauten die Mauer." Auf dies Gerede antwortet die Gemeinde mit der Tat. Nun steht die Mauer da, der Anfang ist gemacht. Der Spott verschlägt nicht angesichts der vollzogenen Tatsache. Als der Feind das merkt, geht er zum Angriff über. Er will Verwirrung stiften in Jerusalem (Neh 4,2). „Sie sollen nichts merken und nichts sehen, bis wir mitten unter sie eindringen und sie totschlagen und so der Arbeit ein Ende machen" (Neh 4,5). Also frontal können sie den Angriff nicht wagen. Sie müssen sich tarnen, damit sie nicht erkannt werden. Wölfe in Schafspelzen, Feinde der Gemeinde im Gewand der Frommen, der Satan in der Lichtgestalt des Engels – das ist jetzt die Gefahr. Hier muss die Gemeinde offene Augen und wachsame Wächter haben. In der Stunde solcher Gefahr spricht die Gemeinde: „Die Kraft der Träger ist zu schwach und des Schuttes ist zu viel. Wir können an der Mauer nicht bauen" (Neh 4,4). Das ist eine große Anfechtung und Versuchung. Und Nehemia vermag die Gefahr der Stunde, die er erkennt, nur zu bannen, indem er die Gemeinde aufruft, nicht auf sich zu sehen, sondern auf den „großen, schrecklichen Herrn" und ihn zu fürchten, und auf die Brüder, Söhne, Töchter und Frauen, für die ja der ganze Streit ausgefochten wird (Neh

4,8). Euer Kampf ist ja nicht in eigener Sache, sondern in ihm wird entschieden über Generationen, Kinder und Kindeskinder. Das muss euch neuen Mut zum Durchhalten geben. Und sie „kehrten allesamt wieder um zur Mauer, ein jeder zu seiner Arbeit." (Neh 4,9) Und der Plan der Feinde war vereitelt. Dies alles aber ist der Kirche Christi zur wichtigen Erinnerung und Warnung geschrieben bis zum heutigen Tag.

Auch beim Tempelbau müssen schließlich alle feindlichen Versuche, das Werk zu hindern, fehlschlagen. Es treten Propheten auf, Haggai und Sacharja (Esra 5,1 ff), und auf ihr Wort hin machen sich abermals Serubbabel und Jesua auf, den Tempel wieder aufzubauen. Dies Wort Gottes war stärker als alle politischen Verbote und rief unverzüglich zur Tat. Man hatte eine Zeitlang geduldig gewartet. Nun, da Gott sich wieder hören ließ, gab es kein Warten mehr. Sofort erfolgt wieder eine namentliche Denunziation beim König, die aber nichts mehr ausrichtet (Esra 5+6), im Gegenteil dazu führt, dass der König den Bau ausdrücklich unter seinen Schutz stellt. Und das Wort, das Nehemia zur Vollendung des Mauerbaus schreibt, mag auch über den Tempelbau gesagt sein: Und das Werk war fertig. „Als unsere Feinde das hörten, da fürchteten sich alle Heiden, die um uns waren, und zitterten, mussten sich schämen, denn sie erkannten, dass dies Werk von Gott war." (Neh 6,15f) Dass am Ende auch die Feinde sich schämen müssen ihres Unglaubens und erkennen, dass dies Werk von Gott war, das ist eine große Verheißung. Es ist aber auch ein großer Trost, dass auch unsere Widersacher einmal zur Erkenntnis kommen müssen, dass die Kirche Gottes Werk ist. Die Tempelweihe wird mit ungeheurem Aufwand gefeiert „mit großer Freude" (Esra 6,15). Priester und Leviten empfangen ihren Ehrendienst am Tempel und das Passahmahl vereinigt die Kinder der Gefangenschaft mit allen gläubigen Juden zu einer großen Gemeinde (Esra 6,21 f).

IV. Die Reinigung der Gemeinde

Da die Chronologie hier gänzlich unsicher ist, gehen wir der
Sache nach voran. Der Tempel ist gebaut. Die Gemeinde ge-
sammelt. „Die gnädige Hand Gottes war über den Kindern
der Gefangenschaft gewesen", wie Nehemia unermüdlich
wiederholt. Nun galt es, mit ganzem Ernst an den Gemein-
deaufbau zu gehen. Da lag noch alles sehr im Argen. Noch
war vieles von den Übelständen, die das Gericht Gottes über
seine Kirche herbeigeführt hatten, unbehoben. Und es bestand die Gefahr, diese jetzt angesichts der neuen Wendung
nicht mehr abzustellen, und dadurch erneut den Zorn Gottes über die Gemeinde zu bringen. Es war der Auftrag des
Esra, des Schriftgelehrten, hier den Weg zu weisen. Der Weg
des Gemeindeaufbaus ist der Weg zurück zur Schrift. Der
Ungehorsam Jerusalems gegen die Schrift, gegen das Gesetz
Gottes, war die Ursache des Zusammenbruches und Zerfal-
lens. Weil man allerlei eigene und neue Wege gehen wollte,
verließ man den Weg der Verheißung. Aber das angebotene
und nicht aufgenommene Wort Gottes wendet sich gegen
den, dem es zur Gnade gegeben war. Das hat die Gemeinde
der Gefangenschaft erkannt. Zurück unter die Schrift, unter
das Schriftwort allein, zum einfältigen Gehorsam gegen das
Wort Gottes – so allein durfte die neue Gemeinde vor ihrem
Gott stehen. Die politische Macht und Freiheit war verloren, das verlockende Spiel mit Bündnissen aller Art war vorbei, Jerusalem stand jetzt unter der politischen Oberhoheit
des persischen Königs, es war steuerpflichtig und empfing
dafür den königlichen Schutz. Der Glanz der alten Zeiten
war vorüber. Jerusalem war eine kleine, arme, unansehnliche
Gemeinde geworden. Es gereichte keinem zum Vorteil, sich
zu ihr zu zählen. Aber diese Gemeinde der Erweckten, der
Freiwilligen, wurde eine Gemeinde unter dem Wort, unter
dem Gesetz. Das war ihr einziger und ganzer Ruhm. Man

hatte die Lust verloren, noch eigenmächtige Wege zu gehen. Nun wollte man nur noch gehorchen, sich auf das Wort und Gesetz Gottes verlassen und ihm alles andere anheimstellen. Das Wort war genug.

Das Volk wird versammelt; Esra, der Schriftgelehrte, der der Gemeinde von Gott geschenkt war, wird aufgefordert, das Gesetz des Mose zu bringen und vorzulesen (Neh 8,1 ff). Als Esra das Buch öffnet, steht das ganze Volk auf. Den Lobpreis des Esra auf die Güte Gottes, der seinem Volk dieses Buch gegeben hat, beantwortet die Gemeinde mit einem: Amen, Amen. Nun folgt die Verlesung und unter dem Eindruck des Wortes bricht das Volk in Weinen aus (Neh 8,8 f). Die Erkenntnis ihres Abfallens vom Gesetz überwältigt sie. Das Gesetz tut sein Werk und treibt die Gemeinde in die Buße, in die Sündenerkenntnis. Also, kein Stolz über das Erreichte, kein Selbstruhm der Gemeinde über die ihr geschenkte Wendung der Dinge, sondern Buße und Sündenerkenntnis unter dem Wort stehen am Anfang des Neubaus der Gemeinde. „Gedenke, wovon du gefallen bist und tue Buße und tue die ersten Werke" (Offb 2,5) – unter diesem Wort steht die neugewordene Gemeinde. Und in der Buße trifft sie nun das Wort des Esra: „Dieser Tag ist heilig dem Herrn, eurem Gott; darum seid nicht traurig und weint nicht. ... Gehet hin, esset und trinket und sendet denen, die nichts für sich bereitet haben ..., denn die Freude am Herrn ist eure Stärke. Und die Leviten stillten alles Volk und sprachen: Seid still, denn der Tag ist heilig. Bekümmert euch nicht! Und alles Volk ging hin ... dass es eine große Freude machte, denn sie hatten die Worte verstanden, die man ihnen hatte kundgetan" (Neh 8,9 ff). „Sie hatten die Worte verstanden" – als Gottes Wort, das in die Buße und Demütigung treibt und das zugleich das große Freudenwort ist, dass Gott wieder zu seiner Gemeinde gekommen ist. Gott hat sein Wort wieder kundgetan, sein Gesetz ist seine Gnade. Freuet euch am Gesetz des Herrn. So vernahm die Gemeinde Gottes aufs Neue das Evangelium. So stand sie in der Freude der Rechtfertigung vor ihrem Herrn. Das Wort der Schrift war der Grund, auf dem die Gemeinde sich neu erbaute.

Jetzt wird zum Laubhüttenfest eingeladen, das mit großem Jubel und Dank gefeiert wird. Dann versammelt sich die Gemeinde noch einmal zum Hören des Gesetzes und zur Neuordnung ihres Lebens. Einen viertel Tag liest Esra aus dem Gesetz, einen viertel Tag lang währt die Beichte des Volkes, keiner nimmt sich aus, sie stehen alle miteinander unter demselben Wort, demselben Urteil und derselben Gnade. Die Antwort auf das vernommene Wort ist das Bekenntnis der Gemeinde zum Gesetz Gottes. Der Bund Gottes mit seinem Volk wird erneuert und das Volk gelobt Gehorsam. Priester, Leviten, Oberste und das ganze Volk – „verpflichten sich mit einem Eide, zu wandeln im Gesetz Gottes, das durch Mose, den Knecht Gottes, gegeben ist, dass sie es halten." (10,30) Freiwillig übernimmt die Gemeinde die Pflicht, für den Tempel zu sorgen, freiwillig wird der Zehnte wieder aufgebracht, aus freien Kräften der Gemeinde sollen die Gottesdienste getragen werden. Freiwillig unterwirft man sich der Einhaltung des Feiertages, des Sabbat nach dem Gebot Gottes, freiwillig erlassen später die Reichen den Armen ihre Schulden. Woher kam diese Freiwilligkeit, als aus der erfahrenen Nähe und Barmherzigkeit Gottes in seinem Wort, als aus der Rechtfertigung aus Gnaden allein? Aus der Kraft des Wortes kommt die Kraft des Gehorsams und des Opfers. So steht die Gemeinde rein vor ihrem Herrn.

Und mit der durch das Wort geschaffenen Reinheit ersteht nun auch die Verpflichtung, alles abzutun, was noch an Unreinheit in der Gemeinde war, entsteht die Kraft zur *Kirchenzucht*. Die Gemeinde Gottes darf nicht durch heidnische Elemente verunreinigt werden. So geschieht das Ungeheure, dass die Juden, die heidnische Weiber genommen haben, sich freiwillig von ihnen trennen (Neh 10,31; Esra 10). Das Volk der Juden muss rein sein, weil es Gottes eigenes, erwähltes Volk ist. Die Erwählung Gottes allein, kein völkischer, kein rassischer, kein politischer Gedanke, konnte zu diesem beispiellosen Opfer verpflichten. Um des Wortes Gottes willen tritt die Scheidung ein, mitten in die Häuser greift sie hinein. Aber um des Wortes willen darf sich keiner entziehen. „Und des Menschen Feinde werden seine eignen Hausgenossen sein" (Mt 10,36). Das ist die Härte des einmal vernommenen Wortes Gottes, dass um seinetwillen sich die Menschen voneinander scheiden müssen. Wo eine Gemeinde das Wort wahrhaft neu hört, da muss die Scheidung von Glaubenden und Ungläubigen eintreten, da wird die Kirchenzucht – um der Wahrheit und um der besser verstandenen Barmherzigkeit willen – Ereignis. Wo die Kraft zur Kirchenzucht fehlt, dort fehlt auch noch die Kraft des Wortes Gottes. Aber freilich – der Weg ist nicht umkehrbar – nur aus dem gehörten Wort vollzieht sich die Scheidung, niemals aber kann die Scheidung ein Akt sein, um die Gemeinde erst zum Hören des Wortes zu bringen.

Die Kirche Gottes ist Eine, damals und heute. Die Wege, die Gott seine Kirche führt, sind immer dieselben, durch Gericht und Strafe und Zerstörung hört die Gemeinde neu den Ruf Gottes und seine Verheißung. Wo aber Gottes Verheißung vernommen und ernst genommen wird, dort wird Kirche, wo eine Gemeinde bereit wird, nichts mehr zu haben als das Wort, dort steht sie vor Gott als die Gemeinde der gerechtfertigten Sünder. Und zuletzt gilt es: „Und da alle unsere Feinde das hörten, fürchteten sich alle Heiden, die um uns her waren und der Mut entfiel ihnen. Denn sie merkten, dass dies Werk von Gott war" (Neh 6,15 f).

„Führe uns nicht in Versuchung"

Bibelarbeit über die sechste Bitte des Vaterunsers

Zingst, 20.-25.6.1938

Führe uns nicht in Versuchung,
sondern erlöse uns von dem Übel.

I. 1. Der natürliche Mensch und der ethische Mensch kann dieses Gebet nicht verstehen. Der natürliche Mensch sucht die Bewährung seiner Kraft im Abenteuer, im Kampf, in der Begegnung mit dem Feind. Das ist das Leben. „Und setzet ihr nicht das Leben ein, nie wird euch das Leben gewonnen sein" [Schiller, Wallensteins Lager]. Nur das in den Tod gefährdete Leben ist gewonnenes Leben. Das ist die Erkenntnis des natürlichen Menschen. Auch der ethische Mensch weiß, dass seine Erkenntnisse nur wahr und überzeugend werden in der Erprobung und Bewährung, dass das Gute nur leben kann vom Bösen, dass der Gute ohne das Böse nicht mehr gut wäre. So fordert der ethische Mensch das Böse heraus, sein tägliches Gebet ist: Führe mich in Versuchung, auf dass ich die Kraft des Guten in mir erprobe.

Wäre Versuchung wirklich das, was der natürliche und der ethische Mensch darunter verstehen, nämlich Erprobung der eigenen Kraft – sei es der vitalen oder der ethischen oder auch: der *christlichen* Kraft – am Widerstand, am Feind, so wäre allerdings dies Gebet der Christen unverständlich; denn dass Leben nur am Tod und das Gute nur am Bösen gewonnen wird, ist durchaus eine Erkenntnis dieser Welt, die den Christen nicht fremd ist. Aber das alles hat mit der Versuchung, von der Jesus Christus spricht, gar nichts zu tun. Es rührt überhaupt nicht an die Wirklichkeit, die hier gemeint ist. Es kann ja in der Versuchung, von der die ganze Heilige Schrift spricht, gerade ganz und gar nicht um die Erprobung meiner Kraft gehen, weil ja gerade dies das Wesen der biblischen Versuchung ist, dass sich hier zu meinem Erschrecken – ohne dass ich etwas dazu oder dagegen zu tun vermöchte – alle meine Kräfte gerade gegen mich selbst wenden, ja dass wirklich *alle* meine Kräfte, gerade auch meine guten und frommen Kräfte – Glaubenskräfte – in die Hände der feindlichen Macht gefallen sind und nun gegen mich zu Felde geführt werden. Ehe eine Erprobung meiner Kraft erfolgen könnte, ist mir meine Kraft schon geraubt. „Mein Herz bebt, meine Kraft hat mich verlassen und das Licht meiner Augen ist nicht bei mir" (Ps 38,11). Das ist die entscheidende Tatsache der Versuchung des Christen, dass er *verlassen* ist, verlassen von allen seinen Kräften, ja von ihnen bekämpft, verlassen von allen Menschen, verlassen von Gott selbst. Sein Herz bebt und ist hineingehalten in das völlige Dunkel. Er selbst ist nichts. Der Feind ist alles. Gott hat seine Hand von ihm gezogen, „hat die Hand von ihm abgetan" (C. A. XIX), „er hat ihn einen kleinen Augenblick verlassen" (Jes 54,7). Der Mensch ist in der Versuchung allein. Nichts steht ihm bei. Der Teufel hat einen kleinen Augenblick Raum bekommen. Wie aber soll der verlassene Menschen dem Teufel begegnen? Wie sollte er sich seiner erwehren können? Es ist der Fürst dieser Welt, der hier gegen ihn steht. Die Stunde des Abfalles ist da, des unwiderruflichen, ewigen Abfalles; denn wer will uns aus den Klauen des Satans wieder freimachen?

Eine Niederlage zeigt dem vitalen und dem ethischen Menschen, dass die Kräfte noch wachsen müssen, ehe sie die Probe bestehen. Darum ist seine Niederlage niemals unwiderruflich. Der Christ weiß, dass ihn in der Stunde der Versuchung jedes Mal alle seine Kräfte verlassen werden. Darum ist für ihn die Versuchung die dunkle Stunde, die *unwiderruflich* werden kann. Darum sucht er nicht nach der Bewährung seiner Kraft, sondern betet: *Führe uns nicht in Versuchung.* Versuchung heißt also im biblischen Sinne *nicht: Erprobung der Kraft,* sondern Verlust aller Kräfte, *wehrlose Auslieferung an den Satan.*

2. Versuchung ist ein konkretes, aus dem Verlauf des Lebens jäh heraustretendes Ereignis. Für den vitalen Menschen ist das *ganze* Leben ein Kampf und für den Ethiker ist *jede* Stunde Versuchungszeit. Der Christ kennt Stunden der Versuchung, die sich von den Stunden gnädiger Behütung, Bewahrung vor der Versuchung unterscheiden, wie der Teufel sich von Gott unterscheidet. Der Satz, dass jeder Augenblick des Lebens Entscheidungszeit sei, hat für ihn in dieser Abstraktheit keinen Sinn. Er vermag sein Leben nicht grundsätzlich anzusehen, sondern nur von dem lebendigen Gott her. Der Gott aber, der es Tag und Nacht werden lässt, der gibt auf Zeiten des Durstes Zeiten der Erquickung, Gott gibt Sturm und er gibt ruhige Fahrt, Gott gibt Zeiten der Sorge und Angst und Gott gibt Zeiten der Freude. „Den Abend lang währet das Weinen, aber des Morgens ist Freude" (Ps 30,6), „Ein jegliches Ding hat seine Zeit, und alles Vornehmen unter dem Himmel hat seine Stunde. Geboren werden und sterben, pflanzen und ausrotten, was gepflanzt ist, würgen und heilen, brechen und bauen, weinen und lachen … Er aber tut alles fein zu seiner Zeit" (Pred 3,1–4.11). Nicht was das Leben an sich sei, sondern wie Gott jetzt mit mir handelt, ist dem Christen wichtig. Gott verstößt mich und er nimmt mich wieder an, er zerstört mein Werk und er baut es wieder auf. „Ich bin der Herr und keiner mehr, der ich das Licht mache und schaffe die Finsternis, der ich Frieden gebe und schaffe das Übel" (Jes 45,7).

So lebt der Christ aus den Zeiten Gottes und nicht aus seinem eigenen Begriff vom Leben. So sagt er nicht, er stehe allezeit in Versuchung und allezeit in der Bewährung, sondern er betet in den Zeiten der Bewahrung, Gott wolle die Zeit der Versuchung nicht über ihn kommen lassen.

Plötzlich kommt die Versuchung über den Frommen. „Plötzlich schießen sie auf ihn ohne alle Scheu" (Ps 64,5), in der Stunde, in der er sich's am wenigsten versah. „Auch weiß der Mensch seine Zeit nicht ... so werden auch die Menschen berückt zur bösen Zeit, wenn sie plötzlich über sie fällt" (Pred 9,12). („Sein Zorn kommt plötzlich und wird's rächen und dich verderben."; Jesus Sirach 5,9.) Daran erkennt der Christ die List des Satans. Plötzlich ist der Zweifel ins Herz gesät, plötzlich ist alles so ungewiss, so sinnlos, was ich tue, plötzlich werden längst vergangene Sünden in mir lebendig, als seien sie heute geschehen und quälen mich und verklagen mich, plötzlich ist mein ganzes Herz erfüllt von tiefer Traurigkeit über mich selbst, über die Welt, über die Ohnmacht Gottes an mir, plötzlich will der Überdruss am Leben mich zu furchtbarer Sünde verleiten, plötzlich erwacht die böse Lust, und plötzlich kommt das Kreuz über mich und ich gerate ins Wanken. Das ist die Stunde der Versuchung, der wehrlosen Auslieferung an die Finsternis, den Satan.

3. Aber: Muss denn die Stunde der Versuchung nicht kommen? Ist es nicht darum unerlaubt, so zu beten? Sollten wir nicht vielmehr allein darum beten, dass uns in der Stunde der Versuchung, die ja kommen muss, Kraft zur Überwindung geschenkt werde? Dieser Gedanke will mehr von der Versuchung wissen als Christus und will frömmer sein als der, der die schwerste Versuchung erfuhr. „Muss die Versuchung nicht kommen?" Ja, warum denn? Muss denn Gott die Seinen dem Satan ausliefern? Muss er sie denn an den Abgrund des Abfalles führen? Muss denn Gott dem Satan solche Macht einräumen? Wer sind denn wir, dass wir da-

von reden könnten, dass Versuchung kommen *müsse?* Sitzen wir denn in Gottes Rat? Und wenn schon Versuchung kommen muss – kraft eines uns unbegreiflichen *göttlichen* Muss –, dann ruft uns eben Christus, der Versuchteste von allen, auf, gegen dieses göttliche Muss anzubeten, nicht resigniert-stoisch sich der Versuchung auszuliefern, sondern von jenem dunklen Muss, in dem Gott dem Teufel willfährig ist, zu jener offenbaren göttlichen Freiheit zu fliehen und zu rufen, in der Gott den Teufel unter die Füße tritt. Führe uns *nicht* in Versuchung!

II. 4. Damit fangen wir nach diesen ersten Vorfragen an, uns an die Sache selbst, um die es in diesem Gebet geht, heranzutasten. Der die Jünger so beten lehrt, ist Jesus Christus, der allein wissen muss, was Versuchung heißt. Und weil er es weiß, darum will er, dass seine Jünger beten: Führe uns nicht in Versuchung. Allein von der *Versuchung Jesu Christi* her werden wir verstehen können, was für uns Versuchung heißt.

Die Heilige Schrift erzählt uns nicht wie ein Erbauungsbuch viele Geschichten menschlicher Versuchungen und ihrer Überwindung. Sie berichtet genau genommen überhaupt *nur zwei Versuchungsgeschichten*, die Versuchung *der ersten Menschen und die Versuchung Jesu Christi*, d. h. die Versuchung, die zum Fall der Menschen führt und die Versuchung, die zum Fall des Satans führt. Alles was sich sonst an Versuchungen im menschlichen Leben zugetragen hat, steht offenbar im Zeichen dieser beiden Versuchungsgeschichten; entweder wir werden versucht *in Adam* oder wir werden versucht *in Christus*. Entweder der Adam in uns wird versucht, dann kommen wir zu Fall, oder der Christus in uns wird versucht, dann muss Satan fallen.

Die Versuchung der ersten Menschen stellt uns vor das Rätsel des Versuchers im Paradies. Unser Blick lässt sich dadurch leicht zurückwerfen auf jenes Geschehen, über das aber für uns gerade das Geheimnis des Nichtoffenbarten liegen soll, nämlich auf den Ursprung des Versuchers. Wir lernen aus jenem Geschehen im Paradies nur dies Dreifache:

1.) dass der Versucher immer auch schon da ist, *wo Unschuld ist.* Ja, der Versucher ist überhaupt nur da, wo Unschuld ist; denn wo Schuld ist, hat er schon die Macht gewonnen.

2.) Das völlig unvermittelte Erscheinen des Versuchers in der Stimme der Schlange im Paradies, die wahrhaftig durch nichts (eben auch durch keine Metaphysik des Lucifer) begründete und gerechtfertigte Anwesenheit des Satans im Paradies macht erst sein Wesen als Versucher aus. Es ist jene undurchdringliche, kontingente Plötzlichkeit, von der wir vorher sprachen. Die Stimme des Versuchers kommt nicht aus einem mir als „Hölle" bekannten Abgrund, sie verbirgt ihren Ursprung vollkommen, sie ist plötzlich neben mir und spricht zu mir. Im Paradies ist es die Schlange, also doch offenbar ein Geschöpf Gottes, durch die der Versucher zu Eva spricht. So bleibt der Ursprung in Feuer und Schwefel allerdings vollkommen unsichtbar. *Die Verleugnung des Ursprungs gehört zum Wesen des Versuchers.*

3.) Um aber Zugang zur Unschuld zu gewinnen, muss die Verleugnung des Ursprungs bis zum Letzten erfolgen. Unschuld heißt ja, mit reinem, ungeteiltem Herzen an Gottes Wort hängen. So muss der Versucher sich in Gottes Namen einführen. Er führt Gottes Wort mit sich und wird ein Ausleger dieses Wortes. „Sollte Gott gesagt haben?" – Solltet ihr Gott, den Herrn, hier recht verstanden haben? sollte nicht hinter seinen Worten doch ein anderer Geist stehen? Wir können uns kein Bild machen von der namenlosen Angst, die den ersten Menschen vor solcher Möglichkeit befallen haben muss. Vor der Unschuld tut sich der Abgrund der noch unbekannten Schuld auf, vor dem Glauben der Abgrund des unbekannten Zweifels, vor dem Leben der Abgrund des noch unbekannten Todes. Diese Angst der Unschuld, der der Teufel ihre einzige Kraft, Gottes Wort, rauben will, ist die Stunde der Versuchung. Es geht hier nicht mehr um das Antreten zum Kampf, um die Freiheit der Entscheidung zum Guten oder zum Bösen – eben um jenen ethischen Begriff von Versuchung. Vielmehr ist Adam dem Versucher wehrlos ausgeliefert. Ihm fehlt jede eigene Einsicht, Kraft, Erkenntnis, die ihn zum Kampf mit diesem Gegner befähigt hätte. Er ist gänzlich allein gelassen. Der Abgrund hat sich unter ihm aufgetan. Nur eines bleibt: Er ist mitten in diesem Abgrund von Gottes Hand, von Gottes Wort gehalten. So kann Adam nur die Augen schließen und sich halten und tragen lassen von der Gnade Gottes in der Stunde der Versuchung. Aber Adam fällt. „Sollte Gott gesagt haben?" – in den Abgrund dieser Frage stürzt Adam und mit ihm das ganze Menschengeschlecht. Seit der Austreibung Adams aus dem Paradies wird jeder Mensch mit dieser Frage, die der Satan in Adams Herz gesät hat, geboren. Das ist die Urfrage alles *Fleisches*: „Sollte Gott gesagt haben?" An dieser Frage kommt alles Fleisch zu Fall. *Die Versuchung Adams gereicht allem Fleisch zum Tod und zur Verwerfung.*

In dem Fleisch der Sünde aber kam der Sohn Gottes, Jesus Christus, unser Heiland, auf die Erde. Alle Begierde und alle Furcht des Fleisches, alle Verdammnis und Gottferne des Fleisches war auch in ihm. „Er wurde versucht allenthalben gleichwie wir – doch ohne Sünde" (Hebr 4,15). Wollte er dem Menschen, der Fleisch ist, helfen, so musste er die Versuchlichkeit des Fleisches ganz auf sich nehmen. Auch Jesus Christus κατὰ σάρκα wurde geboren mit der Frage: Sollte Gott gesagt haben? – doch ohne Sünde.

Die Versuchung Christi war schwerer, unaussprechlich schwerer als die Versuchung Adams; denn Adam trug nichts in sich, was dem Versucher Recht und Macht an ihm hätte geben können. Christus aber trug die ganze Last des Fleisches unter dem Fluch und der Verdammnis mit sich, und doch sollte seine Versuchung allem Fleisch, das versucht wird, künftig zur Hilfe und zum Heil gereichen.

Das Evangelium berichtet, dass Jesus vom Geist in die Wüste geführt wird, auf dass er vom Teufel versucht würde (Mt 4,1). Also nicht damit beginnt die Versuchung, dass der Vater den Sohn ausrüstet mit allen Kräften und Waffen, damit er den Kampf bestehe, sondern: Der Geist führt Jesus in die Wüste, in die Einsamkeit, in die Verlassenheit. Gott nimmt seinem Sohn alle Hilfe von Menschen und Kreatur. Die Stunde der Versuchung soll Jesus schwach, einsam und hungrig finden. Gott lässt den Menschen in der Versuchung allein. So muss Abraham auf dem Berge Morija ganz allein sein. Ja, Gott selbst verlässt den Menschen vor der Versuchung. So ist es wohl nur zu verstehen, wenn es 2Chr 32,31 heißt: Gott verließ den Hiskia also, dass er ihn versuchte; oder wenn die Psalmisten immer wieder rufen: Gott, verlass mich nicht (Ps 38,22; 71,9.18; 119,8). „Verbirg Dein Antlitz nicht vor mir … lasse mich nicht und tue nicht von mir die Hand ab, Gott, mein Heil" (Ps 27,9). Was allem menschlich-ethisch-religiösen Denken unbegreiflich bleiben muss: Gott erzeigt sich in der Versuchung nicht als der gnädige und nahe, der uns mit allen Gaben des Geistes ausrüstet, sondern er verlässt uns, er ist uns ganz ferne, wir sind in der Wüste. (Wir werden später mehr davon zu sprechen haben.)

Im Unterschied von der Versuchung Adams und von allen menschlichen Versuchungen tritt hier der *Versucher selbst* zu Jesus (Mt 4,3). Während er sich sonst der Kreatur bedient, muss er hier selbst den Kampf führen. Damit wird deutlich gemacht, dass es in der Versuchung Jesu um das Ganze geht. Dabei muss nun gerade hier die vollkommenste Verleugnung des Ursprungs den Versucher ausmachen. Paulus mag mit Bezugnahme auf diese Ursprungsverleugnung des Satans in der Versuchung Jesu gesagt haben: Auch der Satan verkleidet sich zum Engel des Lichtes (2Kor 11,14). Wir dürfen dabei wohl nicht daran denken, dass Jesus den Satan nicht erkannt hätte, aber dass der Satan so versucherisch war, dass er damit Jesus zu Fall bringen wollte.

Jesus hat vierzig Tage in der Wüste gefastet und es hungerte ihn. Da trat der Versucher zu ihm. Der Versucher beginnt mit der Anerkennung Jesu als Gottes Sohn. Zwar sagt er nicht: Du bist Gottes Sohn – das kann er nicht! –, aber er sagt: Bist du Gottes Sohn, so sprich du, der du jetzt *Hunger* leidest, dass diese Steine Brot werden. Der Satan versucht Jesus hier in der Schwachheit seines menschlichen Fleisches. Er will seine Gottheit gegen seine Menschheit führen. Er will das Fleisch gegen den Geist rebellisch machen. Der Satan weiß, das Fleisch ist leidensscheu. Warum aber soll der Sohn Gottes am Fleisch leiden? Das Ziel dieser Frage ist klar: Würde Jesus in der Kraft seiner Gottheit sich dem Leiden am Fleisch entziehen, so wäre alles Fleisch verloren. Der Weg des Sohnes Gottes auf Erden wäre zu Ende. Das Fleisch gehörte wieder dem Satan. Die Antwort Jesu mit dem Worte Gottes zeigt zuerst, dass auch der Gottessohn *unter Gottes Wort* steht und dass er kein eigenes Recht neben diesem Worte haben kann und will. Sie zeigt zweitens, dass Jesus an diesem *Wort allein* bleiben will. Auch das *Fleisch gehört unter* Gottes Wort und wenn es leiden muss, so gilt eben: Der Mensch lebt nicht vom Brot allein. Jesus hat seine Menschheit und seinen Leidensweg in der Versuchung bewahrt. Die erste Versuchung ist die Versuchung des Fleisches.

In der zweiten Versuchung beginnt der Satan wie in der ersten: Bist du Gottes Sohn – aber er übersteigt seine Versuchung nun noch, indem er selbst Gottes Wort gegen Jesus anführt. Auch der Satan kann Gottes Wort in den Kampf führen. Jesus soll sich seine Gottessohnschaft beglaubigen lassen. Er soll ein Zeichen Gottes fordern. Das ist die Versuchung am Glauben Jesu, die Versuchung am Geist. Soll der Gottessohn schon im Leiden der Menschen sein, so fordere er ein Zeichen der Macht Gottes, die jederzeit retten kann. Die Antwort Jesu führt Gotteswort gegen Gotteswort, aber sodass daraus nicht eine heillose Ungewissheit wird, sondern sodass hier Wahrheit gegen Lüge steht. Jesus nennt diese Versuchung ein Gottesversuchen. Er will allein am Wort seines Vaters bleiben, das genügt ihm. Wollte er mehr als dieses Wort, so hätte er dem Zweifel an Gott in sich Raum gegeben. Der Glaube, der mehr will als das Wort Gottes in Gebot und Zusage, wird *zur Gottversuchung*. Gott versuchen aber heißt die Schuld, die Untreue, die Lüge in Gott selbst hineinverlegen, statt in den Satan. Gott versuchen ist die höchste geistliche Versuchung.

Zum dritten Mal kommt der Satan anders als vorher, ohne die Beteuerung der Gottessohnschaft, ohne Gotteswort. Er kommt nun – und das ist das Erschreckende – in seiner ganzen unverhüllten Machtentfaltung als Fürst dieser Welt. Nun kämpft der Satan mit seinen eigensten Waffen. Hier ist keine Verschleierung, keine Verstellung mehr. Die Macht des Satans stellt sich der Macht Gottes unmittelbar gegenüber. Satan wagt das Letzte. Seine Gabe ist unermesslich groß und schön und verlockend; und er fordert für diese Gabe – die Anbetung. Er fordert den offenen Abfall von Gott, der keine Rechtfertigung mehr hat als eben die Größe und die Schönheit des Reiches Satans. Es geht in dieser Versuchung um die in voller Klarheit und Erkenntnis vollzogene endgültige Absage an Gott und die Unterwerfung unter den Satan. Es ist die Versuchung zur Sünde wider den Heiligen Geist.

Weil hier der Satan sich ganz offenbart hat, darum muss er hier von Jesus selbst angeredet, getroffen und verworfen werden: Heb dich weg von mir, Satan. Denn es steht geschrieben: Du sollst anbeten, Gott, deinen Herrn, und ihm allein dienen.

Jesus wird versucht *am Fleisch, am Glauben* und in seiner *Gottessohnschaft*. Es ist in allen drei Malen die *eine* Versuchung, Jesus vom Worte Gottes loszureißen: Die Natur des Fleisches wird vom Satan gegen den göttlichen Auftrag geführt. Hat der Satan erst Gewalt über das Fleisch Jesu, so ist Jesus in seiner Hand. Will Jesus nicht leiden, so ist er nicht der Christus. Von der Angst Jesu, dass sein Fleisch dem Satan anheimfällt, hören wir wieder in Gethsemane. In der zweiten Versuchung führt der Satan das geistliche Verlangen des Menschen nach Erfahrung, Bestätigung, Wunder, nach Schauen irgendwelcher Art gegen den Glauben, in dem der Mensch allein vor Gott bestehen kann. Hat der Satan erst Gewalt über die Frömmigkeit und Geistlichkeit Jesu, so ist Jesus in seiner Hand. Will Jesus nicht allein am Wort bleiben, nicht allein glauben, blind glauben und gehorchen, so ist er nicht mehr der Christus und Erlöser der Menschen, die allein durch Glauben ans Wort das Heil finden sollen. So hat der Satan das Fleisch und den Geist Jesu gegen das Wort Gottes versucht. Die dritte Versuchung geht auf die gesamte leiblich-geistliche Existenz des Gottessohnes. „Willst du dich nicht innerlich von mir zerreißen lassen, so gib dich mir ganz – und ich will dich groß machen in dieser Welt, im Hass gegen Gott und in der Macht gegen ihn." So erleidet Jesus die *fleischliche Versuchung*, die *hohe geistliche Versuchung* und zuletzt die *vollkommene Versuchung* überhaupt und in allen dreien doch nur die *eine* Versuchung des Wortes Gottes.

Auch die Versuchung Jesu ist nicht jener heldische Kampf des Menschen gegen böse Gewalten, wie wir es gern und leicht verstehen. Auch Jesus ist in der Versuchung aller seiner eigenen Kräfte beraubt, er ist alleingelassen von Gott und Menschen, den Raub Satans muss auch er in der Angst erleiden, er ist in das vollkommene Dunkel hineingehalten. Es bleibt ihm nichts als das rettende, haltende, tragende Wort Gottes, das ihn festhält und das für ihn streitet und siegt. Die Nacht der letzten Worte Jesu: Mein Gott, mein Gott, warum hast du mich verlassen, ist hier angebrochen, sie muss auf die Stunde dieser Versuchung folgen, als die letzte fleischlich-geistliche, vollkommene Versuchung des Erlösers. Indem Jesus die Verlassenheit von Gott und Menschen erduldet, ist Gottes Wort und Urteil für ihn. Indem er wehrlos und kraftlos der Macht Satans erliegt, ist die Versuchung bestanden. Er wurde versucht gleichwie wir – doch ohne Sünde.

So bleibt in der Versuchung Jesu wirklich nichts als Gottes Wort und Zusage, nicht eigene Kraft und Freudigkeit zum Streit gegen das Böse, sondern Gottes Kraft und Sieg, der mich im Worte festhält und durch das Wort dem Satan seine Macht raubt. Allein durch Gottes Wort wird die Versuchung überwunden.

„Da verließ ihn der Teufel" – wie ihn anfangs Gott verlassen hatte, so verlässt ihn jetzt der Versucher – „und siehe, da traten die Engel zu ihm und dienten ihm". Auch im Garten Gethsemane „erschien ihm ein Engel vom Himmel und stärkte ihn" (Lk 22,43). Das ist das Ende der Versuchung, dass der in alle Schwachheit gefallene, aber vom Worte gehaltene Stärkung aller seiner Kräfte des Leibes und der Seele und des Geistes empfängt durch einen Engel Gottes.

III. 5. Durch die Versuchung Jesu Christi ist die Versuchung Adams zu Ende gebracht. Wie in der Versuchung Adams alles Fleisch fiel, so ist alles Fleisch in der Versuchung Jesu Christi der Macht Satans entrissen. Denn Jesus Christus trug unser Fleisch, er erlitt unsere Versuchung und trug den Sieg davon. So tragen wir alle heute das Fleisch, das in Jesus Christus den Satan überwand. Auch unser Fleisch, auch wir haben in der Versuchung Jesu überwunden. Weil Christus versucht wurde und überwand, darum beten wir: Führe uns nicht in Versuchung! Denn die Versuchung ist ja schon gekommen und überwunden, Er tat es an unserer Stelle. „Sieh auf die Versuchung deines Sohnes Jesu Christi und führe *uns* nicht in Versuchung." Der Erhörung dieses Gebetes aber dürfen und sollen wir gewiss sein, wir sollen unser Amen darauf sprechen, denn es *ist* erhört in Jesus Christus selbst. Von nun an werden *wir* nicht mehr in Versuchung geführt werden, sondern alle Versuchung, die nun noch geschieht, ist die Versuchung Jesu Christi in seinen Gliedern, in seiner Gemeinde. Nicht wir werden versucht, *Jesus Christus in uns wird versucht.*

Weil der Satan den Gottessohn selbst nicht zu Fall bringen konnte, darum verfolgt er ihn nun in seinen Gliedern mit allen Versuchungen. Aber es sind diese letzten Versuchungen doch nur die Ausläufer jener Versuchung Jesu auf Erden; denn die Macht der Versuchung *ist* gebrochen in der Versuchung Jesu. In dieser Versuchung sollen sich seine Jünger finden lassen, dann ist das Reich ihnen gewiss. Es ist das grundlegende Wort Jesu an alle seine Jünger: „Ihr aber seid's, die ihr beharret habt bei mir in meinen Versuchungen und ich will euch das Reich bescheiden" (Lk 22,29). Nicht die Versuchungen der *Jünger* sind es, die hier die Verheißung empfangen, sondern die Teilnahme, die Gemeinschaft in der Versuchung *Jesu.* Die Versuchungen der Jünger fielen auf Jesus, und die Versuchungen Jesu kamen auf die Jünger. An der Versuchung *Christi* teilzuhaben aber heißt zugleich an der Überwindung und den Siegen Christi teilzuhaben. Es heißt nicht, dass die Versuchungen Christi ein Ende hätten und dass die Jünger nichts mehr davon erfahren würden; vielmehr werden sie Versuchungen erfahren, aber es sollen die Versuchungen Jesu Christi sein, die über sie kommen. So wird Christus auch den Sieg über diese Versuchungen davontragen.

Es entspricht der Teilnahme der Jünger an den Versuchungen Jesu Christi, dass Jesus seine Jünger bewahren will vor anderer Versuchung: „Wachet und betet, dass ihr nicht in Versuchung fallet" (Mt 26,41). Welche Versuchung droht den Jüngern in dieser Stunde von Gethsemane, wenn nicht die, dass sie sich an dem Leidensgang Christi ärgern, also, dass sie *nicht an seinen Versuchungen teilhaben wollen?* So bestätigt Jesus hier die Bitte des Vaterunsers: „Führe uns nicht in Versuchung." Es ist schließlich dieselbe Sache, wenn Hebr 2,18 sagt, „denn worin er gelitten hat und versucht ist, darin kann er helfen denen, die versucht werden". Hier ist nicht allein von der Hilfe die Rede, die nur der leisten kann, der die Not und die Leiden des anderen aus eigener Erfahrung kennen gelernt hat, vielmehr ist der eigentliche Sinn der, dass in meinen Versuchungen wirklich *nur seine Versuchung* meine Hilfe ist, *an seiner Versuchung teilzuhaben* ist allein Hilfe in meiner Versuchung. So soll ich meine Versuchung nicht anders verstehen, denn als Versuchung Jesu Christi in mir. In seiner Versuchung ist meine Hilfe, denn nur hier ist Sieg und Überwindung.

So muss die praktische Aufgabe des Christen sein, alle Versuchungen, die ihn betreten, als Versuchungen des Jesus Christus in ihm zu verstehen und es wird ihm geholfen sein. Wie aber geschieht das? Bevor wir von den konkreten Versuchungen der Christen und ihrer Überwindung sprechen können, wird hier die Frage *nach dem Urheber der Versuchung des Christen gestellt* werden müssen. Denn erst, wenn der Christ weiß, womit er es in der Versuchung zu tun hat, kann er im konkreten Fall sich recht verhalten.

Die Heilige Schrift nennt drei verschiedene Urheber der Versuchung: *den Teufel,* die *Begierde des Menschen, Gott selbst.*

a. *Was sagt die Schrift, wenn sie den Teufel* den Urheber der Versuchung nennt? Sie sagt *erstens,* dass die Versuchung das ganz und gar *Widergöttliche* ist. Es ist aus dem Wesen Gottes selbst unbegreiflich, dass der Mensch zum Zweifel an Gottes Wort und zum Abfall von Gott verführt werden soll. Der Versucher ist allemal der *Feind Gottes. Zweitens*: Der Feind Gottes erweist in der Versuchung seine Macht, etwas zu tun, was Gottes Wille nicht ist. Was keine Kreatur aus sich heraus vermöchte, das kann der böse Feind. D. h. also, dass die Versuchung eine *Macht* ist, die stärker ist als irgendeine Kreatur. Sie ist der Einbruch der Macht Satans in die Welt der Schöpfung. Ist der Teufel der Versucher, so kann keine Kreatur aus eigener Kraft der Versuchung widerstehen. Sie muss fallen. So groß ist die Macht Satans (Eph 6,12). *Drittens*: Die Versuchung ist *Verführung*, Irreführung. Darum ist sie vom Teufel; denn der Teufel ist ein *Lügner*. „Wenn er die Lüge redet, so redet er von seinem eigenen; denn er ist ein Lügner und ein Vater derselben" (Joh 8,44). Die Sünde ist ein Betrug (Hebr 3,13). Der Betrug, die Lüge des Teufels liegt darin, dass er den Menschen glauben machen will, er könne auch ohne Gottes Wort leben. So spiegelt er seiner Phantasie ein Reich des Glückes, der Macht und des Friedens vor, in das nur der eintreten kann, der in die Versuchung einwilligt und er verbirgt dem Menschen, dass er, der Teufel, das allerunseligste und unglücklichste Wesen ist, weil er endgültig, auf ewig verworfen ist von Gott. *Viertens*: Die Versuchung kommt vom Teufel; denn hier wird der Teufel zum *Verkläger* der Menschen. Es ist ein zweifaches Ziel in jeder Versuchung: Der Mensch soll abwendig gemacht werden vom Wort Gottes und Gott soll den Menschen verwerfen *müssen*, weil der Verkläger seine Sünde aufgedeckt hat. Um dieses Zweite geht es hier. Die Versuchung Hiobs ist hier das Urbild aller Versuchungen. Die Frage des Satans heißt: „Meinst du, dass Hiob Gott umsonst fürchtet? Hast du doch ihn, sein Haus und alles, was er hat, ringsumher verwahrt. Du hast das Werk seiner Hände gesegnet und sein Gut hat sich ausgebreitet im Lande. Aber recke deine Hand aus und taste an alles, was er hat: Was gilt's, er wird dir ins Angesicht absagen?" (Hiob 1,9 ff). Hier wird der Sinn aller Versuchung deutlich. Es wird dem Menschen alles geraubt, was er hat, er wird völlig wehrlos gemacht bis zum Letzten. Armut, Krankheit, Hohn und Verwerfung durch die Frommen lassen es tiefste Nacht um ihn werden. Alles, was der Satan als Fürst dieser Welt dem Menschen rauben kann, nimmt er ihm. Er treibt ihn in die Verlassenheit, in der dem Versuchten nichts mehr bleibt als Gott. Und eben hier soll es sich offenbaren, dass der Mensch Gott *nicht umsonst* fürchtet, dass er nicht Gott um Gottes willen liebt, sondern um der Güter dieser Welt willen. An irgendeiner Stelle will es der Satan offenbar machen, dass Hiob Gott nicht über alle Dinge fürchtet, liebt und ihm vertraut. So wird jede Versuchung zur Offenbarung der Sünde und der Verkläger steht gerechter da als Gott; denn er hat die Sünde aufgedeckt. Er zwingt Gott zum Gericht.

So erweist sich der Teufel in der Versuchung als *Feind Gottes, als Macht, als Lügner* und *als Verkläger*. Für den Menschen in der Versuchung heißt das: Der Feind Gottes muss in der Versuchung erkannt werden; die widergöttliche Macht muss in der Versuchung überwunden werden; die Lüge muss in der Versuchung entlarvt werden; der Verkläger muss sein Unrecht erkennen. Wie das praktisch sich vollzieht, davon später. Wir fragen jetzt weiter

b. Was sagt die Schrift, wenn sie die Begierde des Menschen zum Urheber der Versuchung macht? „Niemand sage, wenn er versucht wird: Ich werde von Gott versucht. Denn Gott ist unversuchlich zum Bösen und er selbst versucht niemand. Sondern ein jeglicher wird versucht, wenn er von seiner eigenen Lust gereizt und gelockt wird. Danach, wenn die Lust empfangen hat, gebiert sie die Sünde. Die Sünde aber, wenn sie vollendet ist, gebiert den Tod" (Jak 1,13 ff).

Erstens: Wer die *Schuld für die Versuchung* einem anderen zuschreibt als sich selbst, der rechtfertigt damit schon seinen Fall; denn bin ich nicht schuldig an meiner Versuchung, so bin ich auch nicht schuldig, wenn ich darin umkomme. *Versuchung ist Schuld*, insofern als der Fall unentschuldbar ist. Ist es also schon unmöglich, die Schuld der Versuchung dem Teufel zuzuschreiben, so ist es erst recht eine Gotteslästerung, Gott dafür verantwortlich zu machen. Das mag fromm scheinen, schließt aber in Wahrheit die Behauptung ein, Gott selbst sei dem Bösen in irgendeiner Weise zugänglich. Damit wird in Gott ein Zwiespalt hineinverlegt, der sein Wort und seinen Willen in sich fraglich, zweideutig, zweifelhaft macht. Weil in Gott das Böse auch nur in seiner Möglichkeit keinen Raum hat, darum darf die Versuchung zum Bösen niemals auf Gott zurückgeführt werden. Gott selbst versucht niemand. In mir selbst liegt der Ursprung der Versuchung.

Zweitens: Versuchung ist Strafe. Der Ort, an dem alle Versuchung entsteht, ist meine Begehrlichkeit. Mein eigenes Verlangen nach Lust und die Furcht vor dem Leiden verlockt mich, Gottes Wort fahren zu lassen. Die ererbte verdorbene Natur des Fleisches ist der Ursprung böser Neigungen in Leib und Seele. Nicht die Schönheit der Welt und nicht das Leiden sind in sich böse und versuchlich, auch nicht die Menschen und Dinge, die mir zur Versuchung werden, sondern unsere Begehrlichkeit, die an dem allen Lust gewinnt und sich reizen und locken lässt, macht das alles uns erst zur Versuchung. Während in dem teuflischen Ursprung der Versuchung die Objektivität der Versuchung deutlich werden sollte, wird hier die volle Subjektivität der Versuchung betont. Beides ist gleich nötig.

Drittens: Auch die Begehrlichkeit für sich macht mich nicht sündig. Aber „wenn sie empfangen hat, gebiert sie die Sünde und die vollendete Sünde gebiert den Tod". Die Empfängnis der Begehrlichkeit geschieht in der Einigung meines Ich mit ihr, d. h. in der Preisgabe des Wortes Gottes, das mich hält. So lange die Begehrlichkeit unbefruchtet bleibt von mir selbst, ist sie ein „Es". Sünde aber geschieht allein durch das „Ich" selbst. So liegt der Ursprung der Versuchung in der ἐπιθυμία, der Ursprung der Sünde in mir selbst und in mir allein. Ich soll also wissen, dass die Schuld mich allein trifft und dass ich selbst mir den ewigen Tod verschuldet habe, wenn ich in der Versuchung der Sünde unterliege. Freilich droht Jesus furchtbares Gericht dem an, der den Unschuldigen versucht, der einen der Kleinen ärgert, also „weh dem, der den anderen zur Sünde versucht" so heißt Gottes Wort an jeden Versucher; aber du allein bist an deiner Sünde und deinem Tod schuld, wenn du in die Versuchung deiner Begehrlichkeit einwilligst – das ist Gottes Wort an den Versuchten.

c. Was sagt die Heilige Schrift, wenn sie *Gott zum Urheber der Versuchung macht?* Das ist die schwerste und abschließende Frage. Gott versucht niemand, sagt Jakobus. Aber die Schrift sagt auch, dass Gott den Abraham versucht habe (Gen 22,1), dass Israel von Gott versucht wurde (2Mose 16,4; 5Mose 8,2; Ri 2,22; Ps 66,10), ebenso dass Hiskia von Gott versucht wurde (2Chr 32,31); David aber wurde zur Volkszählung „gereizt vom Zorn Gottes" (2Sam 24,1), nach 1Chr 21,1 „vom Satan". Und auch im Neuen Testament wird die Versuchung der Christen als Gericht Gottes angesehen (1Petr 4,11.17). Was bedeutet das alles?

Erstens: Die Schrift macht es deutlich, dass auf Erden nichts geschehen kann ohne Gottes Willen und Zulassung. Auch der Satan ist in Gottes Händen. Er muss gegen seinen Willen Gott dienen. Zwar hat der Satan Macht, aber doch nur dort, wo Gott sie ihm lässt. Das dient dem versuchten Gläubigen zum Trost. Zur Versuchung Hiobs muss der Satan Gottes Erlaubnis einholen. Von sich aus kann er nichts tun. Darum muss Gott den Menschen zuerst verlassen, damit der Satan Raum gewinnt zur Versuchung. „Gott verließ den Hiskia also, dass er ihn versuchte" (2Chr 32,31). Hierher gehört alles, was früher über die Verlassenheit des Versuchten gesagt wurde. Gott gibt den Versuchten in die Hände Satans.

Zweitens: Die Kinderfrage: „Warum schlägt Gott den Satan nicht einfach tot?", fordert eine Antwort. Wir wissen, dass dieselbe Frage auch heißen kann: Warum musste Christus versucht werden, leiden und sterben? Warum musste der Satan solche Macht an ihm haben? Gott gibt dem Satan Raum *um der Sünde* der Menschen willen. Der Satan muss den Tod des Sünders vollstrecken; denn nur wenn der Sünder stirbt, kann der Gerechte leben; nur wenn der alte Mensch täglich und gänzlich verdirbt, kann der neue Mensch auferstehen. Indem der Satan so sein Amt tut, dient er dem Ziel Gottes, „der tötet und macht lebendig, er führt in die Hölle und wieder heraus" (1 Sam 2,6). So muss der Satan wider Willen Gottes Erlösungsplan dienen; dem Satan bleibt der Tod und die Sünde, Gott aber das Leben und die Gerechtigkeit. Auf *dreierlei Weise* tut der Satan in der Versuchung sein Amt: Er führt zur *Erkenntnis der Sünde. Er lässt das Fleisch leiden. Er gibt dem Sünder den Tod.* a.) 2 Chr 32,31: „Gott verließ ihn also, dass er ihn versuchte, auf dass kund würde alles, was in seinem Herzen ist." In der Versuchung wird das Herz des Menschen offenbar. Der Mensch erkennt seine Sünde, die er ohne die Versuchung nie hätte erkennen können; denn in der Versuchung erkennt der Mensch, woran sein Herz hängt. Das Ans-Licht-Kommen der Sünde ist das Werk des Verklägers, der damit den Sieg gewonnen zu haben meint. Aber gerade die offenbar gewordene Sünde kann nun bekannt und darum auch vergeben werden. So gehört das Offenbarmachen der Sünde zum Heilziel Gottes mit dem Menschen, dem der Satan dienen muss. b.) In der Versuchung gewinnt der Satan Macht über den Gläubigen, sofern er Fleisch ist. Er quält ihn durch Verlockung zur Lust, durch die Schmerzen der Entbehrung und durch zugefügte leibliche und seelische Leiden aller Art. Er raubt ihm alles, was er hat, und reizt ihn zugleich zu verbotenem Glück. So treibt er ihn, wie Hiob, an den Abgrund, in die Dunkelheit, in der der Versuchte nur noch gehalten wird von der Gnade Gottes, die er nicht spürt und erfährt, die ihn aber dennoch festhält. So scheint der Satan völlige Macht über den Gläubigen gewonnen zu haben, aber wiederum schlägt ihm dieser Sieg zur vollkommenen Niederlage aus. Denn die Tötung des Fleisches ist ja nur der Weg zum Leben im Geist; und indem der Versuchte in die volle Leere und Wehrlosigkeit getrieben wird, treibt ihn der Satan unmittelbar in Gottes eigene Hand. So erkennt der Christ in dem Wüten des Satans gerade die gnädige *Züchtigung* Gottes (Hebr 12,4 ff), des Vaters, an seinem Kind; das *Gnadengericht* Gottes (1 Petr 4,17), das vor dem Zornesgericht bewahrt. So wird die Stunde der Versuchung zur Stunde größter Freude (Jak 1,2 ff). c.) Der letzte Feind ist der Tod. Er ist in Satans Hand. Der Sünder stirbt. Der Tod ist die letzte Versuchung. Aber eben hier, wo der Mensch alles verliert, wo die Hölle ihre Schrecken offen sichtbar werden lässt, ist für den Gläubigen das Leben angebrochen. So verliert hier der Satan seine letzte Macht und sein letztes Recht am Gläubigen.

Wir fragen nun noch einmal: Warum gibt Gott dem Satan Raum zur Versuchung? *Erstens,* um den Satan endgültig zu überwinden. Indem Satan sein Recht bekommt, ist er vernichtet. Wie Gott den Gottlosen darin straft, dass er ihn gottlos sein lässt, dass er ihm sein Recht und seine Freiheit lässt und wie der Gottlose an dieser seiner Freiheit stirbt (Röm 1,19 ff), so vernichtet Gott den Satan nicht durch einen Gewaltakt, sondern Satan muss sich selbst vernichten. *Zweitens*: Gott gibt dem Satan Raum, um *die Gläubigen zum Heil* zu führen. Nur durch Erkenntnis der Sünde, durch Leiden und Tod kann der neue Mensch leben. *Drittens*: Die Überwindung des Satans und das Heil der Gläubigen ist allein in Jesus Christus wahr und wirklich. An Jesus suchte der Satan alle Sünde, alles Leiden und den Tod der Menschheit heim. Damit aber war sein Recht zu Ende. Er hatte Jesus Christus alles genommen und ihn damit Gott allein übergeben. So sind wir zu der Erkenntnis geführt, von der wir ausgingen: Die

Gläubigen müssen alle ihre Versuchungen verstehen lernen als Versuchung des Jesus Christus in ihnen, so werden sie an der Überwindung teilhaben.

Wie kann also die Schrift davon reden, dass Gott die Menschen versuche? Sie spricht vom *Zorne Gottes*, dessen *Vollstrecker der Satan* ist (s. 1Sam 24; 1Chr 21,1). Gottes Zorn lag auf Jesus Christus von der Stunde der Versuchung an. Er schlug Jesus um der Sünde des Fleisches willen, das er trug. Aber indem der Zorn Gottes Gehorsam fand, um der Sünde willen, Gehorsam bis zum gerechten Tode dessen, der die Sünde aller Welt trug, da war der Zorn gestillt, da hatte der Zorn Gottes Jesus zum gnädigen Gott hingetrieben; da hatte die Gnade Gottes den Zorn besiegt. Da war die Macht Satans überwunden. Wo aber alle Versuchung des Fleisches, aller Zorn Gottes, gehorsam getragen wird in Jesus Christus, dort ist die Versuchung in Jesus Christus überwunden, da findet der Christ hinter dem zornigen Gott, der ihn versucht, den gnädigen Gott, der niemand versucht.

IV. a. In der *konkreten Versuchung des Christen* geht es immer darum, die Hand des Teufels und die Hand Gottes zu unterscheiden, geht es also um *Widerstand* und um *Unterwerfung* an der rechten Stelle, bzw. ist Widerstand gegen den Teufel nur möglich gerade in der völligen Unterwerfung unter die Hand Gottes.

Das muss nun im Einzelnen klar werden. Weil alle Versuchungen der Gläubigen Versuchungen des Christus in seinen Gliedern, des Leibes Christi, sind, sprechen wir von diesen Versuchungen in der Analogie der Versuchung Christi: 1. *Von der fleischlichen Versuchung.* 2. *Von der hohen geistlichen Versuchung.* 3. *Von der letzten Versuchung.*

Von aller Versuchung überhaupt aber gilt 1Kor 10,12 ff: „Darum, wer sich lässt dünken, er stehe, mag wohl zusehen, dass er nicht falle. Es hat euch noch keine, denn menschliche

Versuchung betreten; aber Gott ist getreu, der euch nicht lässt versuchen über euer Vermögen, sondern macht, dass die Versuchung so ein Ende gewinne, dass ihr's könnt ertragen." Damit ist zuerst *aller falschen Sicherheit* und sodann *aller falschen Verzagtheit* vor der Versuchung entgegengetreten. Keiner sei auch nur einen Augenblick sicher, dass er frei bleibe von Versuchung. Es gibt keine Versuchung, die mich nicht in dieser Stunde noch überfallen könnte. Keiner meine, dass der Satan ihm ferne sei. „Denn er gehet umher wie ein brüllender Löwe und sucht welchen er verschlinge" (1 Petr 5,8). Wir sind in diesem Leben keinen Augenblick vor Versuchung und Fall sicher. Darum überhebe dich nicht, wenn du andere straucheln und fallen siehst. Solche Sicherheit wird dir zum Fallstrick werden. „Darum sei nicht stolz, sondern fürchte dich" (Röm 11,20). Sei vielmehr allezeit bereit, dass der Versucher keine Macht an dir findet. „*Wachet und betet*, dass ihr nicht in Versuchung fallet" (Mt 26,41). *Wachsein* gegen den listigen Feind, *beten* zu Gott, dass er uns fest an seinem Wort und seiner Gnade halte, das ist die Haltung des Christen vor der Versuchung.

Aber der Christ soll sich auch vor der Versuchung nicht fürchten. Kommt sie über ihn trotz Wachens und Betens, dann soll er wissen, dass er jede Versuchung überwinden kann. Es gibt keine Versuchung, die nicht überwunden werden könnte. Gott kennt unser Vermögen und er lässt es nicht zu, dass eine Versuchung über unsere Kraft gehe. Es ist „menschliche Versuchung", die uns betritt, d. h., sie ist für uns Menschen nicht zu groß. Gott misst einem jeglichen das Maß zu, das er tragen kann. Das ist gewiss. Wer vor der Plötzlichkeit und der Schrecklichkeit der Versuchung verzagt wird, der hat schon die Hauptsache vergessen, nämlich dass er ganz gewiss die Versuchung bestehen wird, weil sie Gott nicht über sein Vermögen gehen lassen wird. Es gibt Versuchungen, vor denen wir uns besonders fürchten, weil wir schon oft an ihnen gescheitert sind. Sind sie dann plötz-lich wieder da, dann geben wir uns oft schon von vornher-ein verloren. Aber gerade diesen Versuchungen dürfen wir in großer Ruhe und Gelassenheit entgegentreten; denn sie können überwunden werden und sie werden überwunden, so gewiss Gott getreu ist. *In Demut und in Siegesgewissheit soll die Versuchung uns anfinden.*

Die fleischliche Versuchung. Wir sprechen zuerst von der Versuchung durch *die Lust* und dann von der Versuchung durch *das Leiden.*

1.) Lust. Das in unseren Gliedern schlummernde Verlangen nach Lust wird plötzlich und wild angefeuert. Mit unwider-stehlicher Gewalt ergreift die Begierde Herrschaft über das Fleisch. Ein verborgen schwelendes Feuer ist auf einmal an-gefacht. Das Fleisch brennt und steht in Flammen. Ob es die geschlechtliche Begierde nach Lust ist, ob es der Ehrgeiz, die Eitelkeit, ob es Rachgier, ob es Ruhmsucht und Machtlust, ob es die Geldgier ist, ob es schließlich jene unbeschreibliche Lust an der Schönheit der Welt, der Natur überhaupt ist, ist hier kein Unterschied. Die Freude an Gott ist nun erloschen in uns, und wir suchen alle Freude in der Kreatur. In dieser Stunde wird Gott uns ganz unwirklich, er verliert alle Realität und das allein Wirkliche ist die Lust an der Kreatur, die einzige Realität ist der Teufel. Nicht mit Hass gegen Gott erfüllt uns der Satan hier, sondern mit Gottvergessenheit. Zu diesem Machterweis Satans kommt nun auch seine Lüge. Die entfachte Begierde hüllt Denken und Wollen des Menschen in tiefe Dunkelheit. Die Klarheit der Unterscheidung und der Entscheidung wird uns geraubt. Sollte es wirklich Sünde sein, was das Fleisch hier begehrt? Sollte es nicht gerade jetzt, gerade hier, gerade in mei-ner Lage ganz und gar erlaubt, ja geboten sein, die Lust zu stillen? Der Versucher stellt mich unter Sonderrecht, wie er den hungernden Gottessohn unter Sonderrecht stellen wollte. Ich poche auf mein Sonderrecht gegen Gott.

Hier steht alles in mir auf gegen das Wort Gottes. Die Kräfte des Leibes, des Denkens und des Wollens, die unter der Zucht des Wortes im Gehorsam gehalten waren, über die ich Herr zu sein glaubte, machen mir deutlich, dass *ich* keineswegs Herr über sie war. „Alle meine Kräfte verlassen mich" klagt der Psalmist. Sie sind alle übergegangen zum Gegner. Der Gegner führt meine Kräfte gegen mich. Hier kann ich in der Tat nicht mehr als Held gegen sie antreten, hier bin ich ein wehrloser, kraftloser Mann. Gott selbst hat mich verlassen. Wer kann hier überwinden und siegen?

Kein anderer als der gekreuzigte Jesus Christus selbst, um dessentwillen mir dies alles widerfährt; denn weil er bei mir und in mir ist, ist die Versuchung über mich gekommen, wie sie auch über ihn kam.

Der alleinigen Realität der Lust und des Satans gegenüber gibt es nur eine stärkere Realität: *das Bild und die Gegenwart des Gekreuzigten.* An dieser Macht zerbricht die Macht der Lust in nichts zusammen; denn hier ist sie überwunden. Hier hat das Fleisch sein Recht und seinen Lohn empfangen, nämlich den Tod. Hier erkenne ich, dass die Begierde des Fleisches nichts anderes ist als die Angst des Fleisches vor dem Sterben. Weil Christus der Tod des Fleisches ist und weil dieser Christus in mir ist, darum bäumt sich das sterbende Fleisch gegen den Christus auf. Nun weiß ich, in der Versuchung des Fleisches ist das Sterben des Fleisches offenbar. Das Fleisch stirbt, darum entfacht es Begierde und Lust. So gewinne ich in der fleischlichen Versuchung Anteil an dem Sterben Jesu nach dem Fleisch. So treibt mich die fleischliche Versuchung, die mich in den Tod des Fleisches hineinziehen wollte, in den Tod Christi hinein, der nach dem Fleisch stirbt, aber nach dem Geiste auferweckt wird. Der Tod Christi allein rettet mich aus der fleischlichen Versuchung.

Darum lehrt uns die Schrift in der Stunde fleischlicher Versuchungen *zu fliehen*: Fliehet die Hurerei (1 Kor 6,18), – den

Götzendienst (10,14) – die Lüste der Jugend (2Tim 2,22) – die vergänglichen Lüste der Welt (2Petr 1,4). Hier gibt es keinen anderen Widerstand gegen den Satan mehr als die Flucht. Jedes Ankämpfen gegen die Begierde aus eigener Kraft ist zum Scheitern verurteilt. Fliehet – das kann ja nur heißen, fliehet dorthin, wo ihr Schutz und Hilfe erfahret, fliehet zum Gekreuzigten. Sein Bild und seine Gegenwart helfen allein. Hier sehen wir den gemarterten Leib und erkennen daran das Ende aller Lust, hier durchschauen wir den Betrug des Satans bis ins Letzte, hier wird unser Geist wieder nüchtern und erkennt den Feind. Hier erkenne ich die ganze Verlorenheit und Verlassenheit meiner fleischlichen Art und das gerechte Gericht des Zornes Gottes über alles Fleisch. Hier weiß ich, dass ich mir in dieser Verlorenheit niemals selbst hätte helfen können gegen den Satan, sondern dass es der Sieg Jesu Christi ist, der mir nun zufällt. Hier finde ich aber auch den Grund zu der Haltung, in der allein ich alle Anfechtungen überwinde, *zur Geduld* (Jak 1,2 ff). Auch gegen die Versuchungen des Fleisches soll nicht ich mich auflehnen in unerlaubtem Hochmut, als sei ich zu gut dafür. Auch hier soll ich mich und kann ich mich nur beugen unter die Hand Gottes und die Demütigung solcher Versuchungen geduldig ertragen. So erkenne ich mitten in dem tödlichen Werk des Satans die richtende und gnädige Züchtigung Gottes. Im Tode Jesu finde ich die Zuflucht vor dem Satan und die Gemeinschaft des Sterbens am Fleisch unter der Versuchung und des Lebens im Geist durch seinen Sieg.

2.) Leiden. Es ist damit schon deutlich geworden, dass die Versuchung durch Lust dem Christen nicht Lust, sondern Leiden bedeutet. Die Versuchung zur Lust schließt immer die Entsagung von der Lust, also Leiden, ein. Die Versuchung zum Leiden schließt immer das Verlangen nach Freiheit von Leiden, also nach Lust ein. So ist die fleischliche Versuchung durch Lust und Leiden im Grunde ein und dieselbe.

Wir sprechen zuerst von der *Versuchung des Christen durch die allgemeinen Leiden*, also Krankheit, Armut, Not aller Art; danach von der Versuchung des Christen *durch das Leiden um Christi willen.*

Fällt der Christ in schwere Krankheit, in bittere Armut oder sonstiges schweres Leiden, so soll er wissen, dass hier der Teufel seine Hand im Spiel hat. Die stoische Resignation, die alles als notwendigen Ablauf nimmt, ist ein Selbstschutz des Menschen, der Teufel und Gott nicht erkennen will. Sie hat mit dem christlichen Glauben nichts zu tun. Der Christ weiß, dass das Leiden in dieser Welt mit dem Sündenfall zusammenhängt und dass Gott Krankheit, Leiden und Tod nicht will. So erkennt der Christ im Leiden eine Versuchung des Satans, ihn von Gott zu trennen. Hier hat das Murren gegen Gott seinen Ursprung. Während im Feuer der Begierde Gott dem Menschen entschwindet, führt die Hitze der Trübsal leicht ins Hadern mit Gott. Der Christ droht an Gottes Liebe irre zu werden. Warum lässt Gott dieses Leiden zu? Gottes Gerechtigkeit wird ihm unbegreiflich: Warum muss es gerade mich treffen? Warum habe ich das verdient? Gott soll durchs Leiden zu unserem Feind gemacht werden. Hiob ist das biblische Urbild dieser Versuchung. Alles wird Hiob vom Satan geraubt, damit er zuletzt Gott fluche. Ein heftiger Schmerz, Hunger und Durst schon können dem Menschen alle Kraft rauben und ihn an den Rand des Abfalles führen.

Wie überwindet der Christ die Versuchung des Leidens? Der Ausgang des Hiobbuches gibt uns hier eine wichtige Hilfe. Hiob hat dem Leiden gegenüber seine Unschuld bis zuletzt beteuert und die Bußreden seiner Freunde abgewehrt, die sein Unglück auf eine besondere, vielleicht verborgene Sünde Hiobs zurückführen wollten. Dabei hat Hiob große Worte über seine eigene Gerechtigkeit gemacht. Nach der Gotteserscheinung erklärt Hiob: „Darum bekenne ich, dass ich unweise geredet habe, ... darum spreche ich mich schuldig und tue Buße in Staub und Asche" (42,3.6). Aber Gottes Zorn ergrimmt nun nicht über Hiob, sondern über seine Freunde: „Denn ihr habt nicht recht von mir geredet wie mein Knecht Hiob" (Vers 7). Hiob bekommt also Recht von Gott und bekennt sich selbst doch schuldig vor Gott. Das ist in der Tat die Lösung. Hiobs Leiden hat seinen Grund nicht in seiner Schuld, sondern gerade in seiner Gerechtigkeit. Um seiner Frömmigkeit willen wird Hiob versucht. So hat Hiob recht, gegen das Leiden zu murren, als träfe es ihn als Schuldigen. Aber dieses Recht hört für Hiob selbst dort auf, wo er nicht mehr Menschen gegenübersteht, sondern Gott. Vor Gott bekennt sich auch der fromme, unschuldige Hiob schuldig.

Das bedeutet für den vom Leiden versuchten Christen: Er darf und soll murren gegen das Leiden, sofern er darin gegen den Teufel murrt und seine Unschuld beteuert. Der Teufel ist in Gottes Ordnung eingebrochen und hat das Leiden angerichtet (Luther bei Lenchens Tod!). Aber vor Gott erkennt auch der Christ sein Leiden als Gericht über die Sünde alles Fleisches, die auch in seinem Fleische wohnt. Er erkennt seine Sünde und bekennt sich schuldig. „Es ist deiner Bosheit Schuld, dass du so gestäupt wirst, und deines Ungehorsams, dass du so gestraft wirst. Also musst du innewerden und erfahren, was es für Jammer und Herzeleid bringt, den Herrn deinen Gott verlassen und ihn nicht fürchten, spricht der Herr Zebaoth" (Jer 2,19 cf. 4,18). So führt das Leiden zur Erkenntnis der Sünde und damit zur Hinkehr zu Gott. Erkennen wir aber unser Leiden als Gottes Gericht über unser Fleisch, so gewinnen wir Grund zum Danken. Denn das Gericht über das Fleisch, der Tod des alten Menschen ist ja nur die der Welt zugekehrte Seite des Lebens des neuen Menschen. Darum heißt es nun: „Wer am Fleisch leidet, der hört auf von Sünden" (1Petr 4,1). So muss alles Leiden den Christen statt zum Abfall zur Stärkung seines Glaubens führen. Während das Fleisch das Leiden scheut und verwirft, erkennt der Christ sein Leiden nur als das Leiden des Christus in ihm. Denn auch unsere Krankheit hat er getragen und unsere Schmerzen lud er auf sich. Er trug darin Gottes Zorn über die Sünde. Er starb nach dem Fleisch, und so sterben auch wir nach dem Fleisch, weil er in uns lebt.

Jetzt versteht der Christ auch sein Leiden als Versuchung des Christus in ihm. Das führt ihn in die *Geduld*, in das stille, wartende Ertragen der Versuchung und es erfüllt ihn mit Dank; denn je mehr der alte Mensch stirbt, desto gewisser lebt der neue; je tiefer er nun ins Leiden getrieben wird, desto näher kommt er Christus. Gerade weil der Satan Hiob alles nahm, warf er ihn allein auf Gott. So wird dem Christen das Leiden *zum Murren gegen den Teufel, zur Erkenntnis seiner Sünde, zum Gnadengericht Gottes*, zum Tod seines alten Menschen und zur Gemeinschaft mit Jesus Christus.

Während der Christ die Leiden dieser Welt erfahren muss, wie die Gottlosen auch, so ist dem Christen ein Leiden vorbehalten, das die Welt nicht kennt: *das Leiden um des Herrn Jesu Christi willen* (1Petr 4,12-17). Auch dieses Leiden geschieht ihm *zur Versuchung* (πρὸς πειρασμόν; 1Petr 4,12, cf. Ri 2,22). Kann der Christ nämlich alle allgemeinen Leiden als Folgen der allgemeinen Sünde des Fleisches, an der auch er teilhat, verstehen, so muss ihn die Tatsache eines Leidens um seiner Gerechtigkeit willen, also um seines Glaubens willen, allerdings befremden. Dass auch der Gerechte *um seiner Sünde* willen leidet, ist noch begreiflich, dass der Gerechte aber *um seiner Gerechtigkeit* willen leidet, das kann ihn leicht zum Anstoß an Jesus Christus führen. Die Versuchung wird hier darum noch umso größer, als es ja in den allgemeinen Leiden (Krankheit, Armut u. s. w.) kein Ausweichen gibt, dass aber dieses Leiden um Christi willen mit der Verleugnung Christi sogleich ein Ende haben würde. Es ist also gewissermaßen ein freiwilliges Leiden, dem ich mich auch wieder entziehen kann. Und eben hier hat der Satan ein freies Feld der Wirksamkeit. Er schürt das Verlangen des Fleisches nach Glück, er führt nun auch die fromme Erkenntnis des Christen gegen ihn zu Felde, um ihm die Torheit und die Ungöttlichkeit seines freiwilligen Leidens, um ihm den frommen Ausweg, die Sonderlösung seines Konfliktes, zu zeigen. Ist schon das unvermeidliche Leiden schon eine schwere Versuchung, wieviel mehr das Leiden, das nach Meinung der Welt und meines Fleisches und selbst meiner frommen Gedanken vermeidlich wäre. *Die Freiheit des Menschen wird gegen die Gebundenheit des Christen* ins Feld *geführt.*

Das ist echte Versuchung zum Abfall. Aber über diese Versuchung soll der Christ sich nicht verwundern, er soll vielmehr erkennen, dass er gerade hier in die Gemeinschaft der Leiden Jesu Christi geführt wird (1Petr 4,13). Die Versuchung des Teufels treibt den Christen auch hier wieder in die Arme Jesu Christi, des Gekreuzigten. Gerade dort, wo der Satan dem Menschen seine Freiheit raubt und sie gegen Christus führt, wird die Gebundenheit des Christen an Jesus Christus in herrlichster Weise sichtbar. Was bedeutet die Gemeinschaft der Leiden Christi? Sie bedeutet zuerst *Freude* (χαίρετε, 4,13). Sie bedeutet *Erkenntnis der Unschuld* dort, wo der Christ als Christ ὡς Χριστιανός (Vers 16) leidet. Sie bedeutet *eine Ehrung Gottes* in dem Christennamen, den ich trage (δοξαζέτω Vers 16). Der Christ leidet „für Christus" (Phil 1,29). Sie bedeutet aber schließlich auch und notwendig die Erkenntnis des *Gerichtes,* das hier am Hause Gottes anfängt (Vers 17). Dieser Gedanke aber macht Schwierigkeiten; denn wie kann das Leiden, das ich gerade als Christ, *als Gerechtfertigter* leide, zugleich *als Gericht* verstanden werden, das über die Sünde ergeht; und doch liegt gerade an dem Zusammenhang dieser beiden Erkenntnisse schlechthin alles. Ein *Leiden* um Christi willen, das eben darin *das Gericht* nicht anerkennt, ist Schwärmerei. An was für ein Gericht ist hier gedacht? An das *eine* Gericht Gottes, das über Christus erging und das am Ende über alles Fleisch ergehen wird, das Gericht Gottes über die Sünde. Keiner aber kann sich zu Christus stellen, ohne dass auch er teilbekäme an diesem Gericht Gottes; denn eben dies unterscheidet Christus von der Welt, dass Er das Gericht trug, das die Welt verachtet und abschüttelt. Nicht dies ist der Unterschied, dass über Christus kein Gericht erging, aber über die Welt. Sondern Christus der Unschuldige trägt Gottes Gericht über die Sünde. Das aber heißt „zu Christus gehören": *sich unter Gottes Gericht beugen.* Das unterscheidet auch das Leiden in der Gemeinschaft Jesu Christi von dem Leiden in der Gemeinschaft irgendeines ethischen oder politischen Helden. Der Christ aber erkennt in dem Leiden die Schuld, das Gericht. Welche Schuld ist es, über die er hier Gericht erkennt: Es ist die Schuld alles Fleisches, das auch der Christ trägt bis an sein Lebensende; aber es ist nun darüber hinaus zugleich die Schuld der Welt in Jesus, die hier auf ihn fällt und ihn leiden lässt. So wird sein Gerichtsleiden in der Gemeinschaft Jesu Christi zum stellvertretenden Leiden für die Welt.

Weil aber Christus sich dem Gericht Gottes unterwarf, darum ist er „*aus* dem Gericht genommen" (Jes 53,8), und weil sich die Christen hier dem Gericht beugen, darum werden sie vor dem zukünftigen Zorn und Gericht bewahrt. „Wenn aber der Gerechte kaum errettet wird" (nämlich aus der Versuchung, die in diesem Leiden über ihn kommt) „wo will der Gottlose erscheinen" (1Petr 4,18). So ist das Gericht am Hause Gottes Gnadengericht über die Christen, dem das letzte Zornesgericht über die Gottlosen folgen wird.

So erkennt der Christ in seinem Leiden um Jesu Christi willen *erstens* den Teufel und seine Versuchung zum Abfall von Christus; *zweitens die Freude, für* Christus leiden zu dürfen; *drittens* das Gericht Gottes am Hause Gottes. Er weiß, dass er leidet *nach Gottes Willen* (Vers 19) und erfasst in der Gemeinschaft des Kreuzes die Gnade Gottes.

IV. b. Die geistlichen Versuchungen

Jesus schlug die zweite Versuchung des Satans mit dem Wort zurück: *„Du sollst Gott nicht versuchen."* Der Satan aber hatte Jesus versucht, nach einer sichtbaren Bestätigung der Gottessohnschaft zu verlangen, also sich an Gottes Wort und Zusage nicht genügen zu lassen, mehr zu wollen als Glauben. Solches Verlangen aber nennt Jesus Gott versuchen, d. h. die Treue Gottes, die Wahrheit Gottes, die Liebe Gottes auf die Probe stellen und d. h. wiederum die Untreue, die Lüge, die Lieblosigkeit in Gott hineinverlegen, statt sie bei sich selbst zu suchen. Alle Versuchung, die sich unmittelbar auf unseren Heilsglauben richtet, bringt uns in die Gefahr des Gottversuchens.

Die geistlichen Versuchungen, mit denen der Teufel die Christen anficht, haben dabei ein doppeltes Ziel: Der Gläubige soll der Sünde des geistlichen Hochmutes verfallen (securitas) oder soll in der Sünde der Traurigkeit (desperatio) untergehen. Beide Sünden aber sind die *eine* Sünde des *Gottversuchens.*

Zu der Sünde des geistlichen Hochmutes versucht uns der Teufel, indem er uns über *den Ernst des Gesetzes Gottes und des Zornes Gottes täuscht.* Er nimmt das Wort von der Gnade Gottes in seine Hand und flüstert uns ein, Gott sei ja ein gnädiger Gott, er werde es so ernst mit unserer Sünde nicht nehmen. So erweckt er in uns das Verlangen, auf Gottes Gnade hin zu sündigen und uns schon vor der Sünde die Vergebung zuzusprechen. Er macht uns sicher in der Gnade. Wir sind ja seine Kinder, wir haben ja Christus und sein Kreuz, wir sind ja die wahre Kirche, nun kann uns nichts Böses widerfahren. Gott wird uns unsere Sünde nicht mehr zurechnen. Was den anderen zum Verderben wird, hat für uns keine Gefahr mehr. Wir haben ja durch die Gnade ein Sonderrecht vor Gott. Hier droht *die mutwillige Sünde auf Gnade hin* (Jud

4), hier heißt es: „Wo ist der Gott, der da strafe?" (Mal 2,17) und „wir preisen die Verächter; denn die Gottlosen nehmen zu; sie versuchen Gott und alles geht ihnen wohl aus" (3,15). Aus solcher Rede aber folgt alle geistliche Trägheit zum Gebet, zum Gehorsam, folgt Gleichgültigkeit gegen Gottes Wort, folgt die Ertötung des Gewissens, die Verachtung des guten Gewissens (1Tim 1,19 Schiffbruch am Glauben), und schließlich die völlige Verhärtung und Verstockung des Herzens in der Sünde, in Furchtlosigkeit und Sicherheit vor Gott, er verharrt in unvergebener Sünde und häuft täglich Schuld auf Schuld, geheuchelte Frömmigkeit (Apg 5,3 und 9!). Nun ist kein Raum mehr zur Buße, der Mensch kann nicht mehr gehorchen. Dieser Weg endet mit der Abgötterei. Der gnädige Gott ist mein Götze geworden, dem ich diene. Das aber ist offenbar gewordene *Gottesversuchung*, die den Zorn Gottes herausfordert.

Geistlicher Hochmut entsteht durch Missachtung des Gesetzes und des Zornes Gottes, sei es, dass ich meine, nach dem Gesetze Gottes, in meiner Frömmigkeit bestehen zu können (*Werkgerechtigkeit*), sei es, dass ich mir durch die Gnade ein Sonderrecht zur Sünde verleihen lasse (Nomismus und Antinomismus). In beidem besteht die Gottesversuchung darin, dass ich den Ernst seines Zornes auf die Probe stelle und über das Wort hinaus das Zeichen fordere.

Der Versuchung zur securitas entspricht die Versuchung zur *desperatio*, zur *Traurigkeit* (acedia). Hier soll nicht das Gesetz und der Zorn, sondern die Gnade und Verheißung Gottes angegriffen und auf die Probe gestellt werden. Dazu raubt der Satan dem Gläubigen alle Freude an Gottes Wort, *alle Erfahrung der Güte Gottes*, statt dessen erfüllt er das Herz mit den Schrecken der Vergangenheit, der Gegenwart und der Zukunft. Alte, längst vergessene Schuld steht plötzlich vor mir, als sei sie heute geschehen, der Widerspruch gegen Gottes Wort und der Unwille zu gehorchen wird groß,

und die ganze Trostlosigkeit meiner Zukunft vor Gott überwältigt das Herz. *Gott war niemals bei mir, Gott ist nicht
bei mir, Gott wird mir nie vergeben*; denn meine Sünde ist
zu groß, als dass sie mir vergeben werden könnte. So ist der
Geist des Menschen in Aufruhr gegen Gottes Wort. Er verlangt nun endgültig Erfahrung, Erweis der Gnade Gottes.
Sonst will er in der Verzweiflung an Gott sein Wort nicht
mehr hören. Und diese Verzweiflung wird ihn entweder in
die Sünde der *Gotteslästerung* oder der Selbstzerstörung trei-
ben bis zur äußersten Tat der Verzweiflung, zum Selbstmord,
wie Saul und Judas, oder der Mensch wird in der Verzweiflung an Gottes Gnade sich selbst das Zeichen zu schaffen
versuchen, das Gott ihm versagt, er wird aus eigenen Kräften
ein Heiliger werden – Gott zum Trotz – in selbstvernichten-
der Askese und Werkerei oder gar durch *Zauberei.*

In *Undankbarkeit*, in *Ungehorsam* und in *Hoffnungslosigkeit* verstockt sich der Mensch gegen die Gnade Gottes.
Satan fordert ein Zeichen, dass er ein Heiliger sei. Die Zusage Gottes in Christus genügt nicht mehr. „Und das ist die
schwerste und höchste Anfechtung und Leiden, damit Gott
zuweilen seine hohen Heiligen angreift und übet, welche
man pfleget zu nennen desertionem gratiae, da des Menschen
Herz nichts anderes fühlet, denn als habe ihn Gott mit seiner Gnade verlassen und wolle sein nicht mehr." „Aber das
menschliche Herz kann schwerlich Trost annehmen, wenn
unser Herr Gott einen also herzet, dass ihm die Seele aus-
gehen will und die Augen davon übergehen und der Angst-
schweiß darüber ausbricht" (zu 1Mose 35,1 Luther).

Wenn hier der Satan Gottes Wort im Gesetz gegen Gottes
Wort in Christus führt, wenn er hier zum Ankläger wird, der
den Menschen keinen Trost mehr finden lässt, dann sollen
wir Folgendes wissen: *Erstens*: Es ist der Teufel selbst, der
hier Gottes Wort im Munde führt. *Zweitens*: Wir sollen über
unsere Sünde niemals mit dem Teufel disputieren, sondern

über unsere Sünde sprechen wir mit Jesus allein. *Drittens*: Wir sollen dem Teufel vorhalten, dass Jesus nicht die Heiligen, sondern die Sünder zu sich gerufen hat und dass wir – dem Teufel zum Trotz – *Sünder bleiben* wollen, um bei Jesus zu sein, lieber denn als Heilige beim Teufel. *Viertens*: Wir sollen erkennen, wie in solcher Versuchung unsere eigene Sünde von Gottes Zorn gestraft wird und ans Licht kommt, nämlich *zuerst* unsere *Undankbarkeit* gegen alles, was Gott bis zu dieser Stunde an uns getan hat („Vergiss nicht, was er dir Gutes getan hat" (Ps 103,2). Wer Dank opfert, der preiset mich und ich will ihm zeigen mein Heil (Ps 50,23); *sodann unser gegenwärtiger Ungehorsam*, der nicht Buße tun will für unvergebene Sünde und nicht von der Lieblingssünde lassen will (denn unvergebene liebgewonnene Sünde ist das beste Einfallstor für den Teufel in unser Herz), *schließlich unsere Hoffnungslosigkeit*, als sei unsere Sünde zu groß für Gott, als habe Christus nur für die Puppensünden gelitten und nicht für die wirklichen, großen Sünden der ganzen Welt, als habe Gott nicht auch mit mir noch große Dinge vor, als habe er nicht auch mir ein Erbe im Himmel bereitet. *Fünftens* soll ich Gott für sein Gericht an mir danken, das mir zeigt, dass er mich „herzet" und liebt. *Sechstens* aber darf ich in alledem erkennen, dass ich hier vom Satan hineingestoßen bin in die tiefste Anfechtung Christi am Kreuz, als er schrie: Mein Gott, warum hast du mich verlassen. Wo aber Gottes Zorn und Gericht erging, dort war Versöhnung. Wo ich von Gottes Zorn getroffen alles verliere, dort höre ich nun: Lasse dir an meiner Gnade genügen, denn meine Kraft ist in den Schwachen mächtig (2Kor 12,9). *Letztens*: In dem Dank für die überwundene Versuchung weiß ich zugleich, dass keine Anfechtung furchtbarer ist, als ohne Anfechtung zu sein.

IV. c. Die letzte Versuchung

Wie der Satan die dritte Versuchung Jesu an den Gläubigen wiederholt, darüber soll wohl nicht viel gesagt werden. Es geht hier ja um die unverhüllte Erscheinung des Satans, in der er uns zum wissentlichen und endgültigen Abfall von Gott versucht, indem er uns durch Satansanbetung alle Macht und alles Glück auf dieser Erde verspricht. Wie schon die geistlichen Anfechtungen nicht von allen Christen erfahren werden, weil sie über ihr Vermögen gehen würden, so kommt diese letzte Versuchung gewiss nur über einige wenige Menschen überhaupt. Christus hat sie erlitten und überwunden; und wir dürfen wohl sagen, dass der Antichrist und die ἀντίχριστοι diese Versuchung erlitten haben müssen und gefallen sind. Wo der wissentliche Bund mit dem Satan geschlossen ist durch Geist oder auch durch Blut, dort ist die Nacht hereingebrochen, die die Schrift bezeichnet als die mutwillige Sünde, für die es keine Buße gibt, die den Sohn Gottes mit Füßen tritt, die sich selbst den Sohn Gottes wiederum kreuzigt, die Schmähung des Geistes der Gnade (Hebr 10,26 f und 6,6), die Todsünde, für die man nicht mehr beten soll (1Joh 5,16), die Sünde wider den Heiligen Geist, für die es keine Vergebung gibt (Mt 12,31 f). Wer aber diese Versuchung erfahren und überwunden hat, der hat in ihr gewiss über alle Versuchungen den Sieg davongetragen.

V. Alle Versuchung ist Versuchung Jesu Christi und aller Sieg ist Jesu Christi. Alle Versuchung führt den Gläubigen in die tiefste Einsamkeit, in die Verlassenheit von Menschen und Gott. Aber in dieser Einsamkeit findet er Jesus Christus, den Menschen und den Gott. *Das Blut Christi* und *das Vorbild Christi* und *das Gebet Christi* sind seine Hilfe und seine Kraft. Von den Erlösten sagt die Offenbarung: „Sie haben überwunden durch des Lammes Blut" (Offb 12,11). Nicht durch den Geist, sondern durch das Blut Jesu ist der Teufel überwunden. Darum müssen wir in aller Versuchung zurück zu diesem Blut, in dem alle unsere Hilfe ist. Dazu kommt das Bild Jesu Christi, das wir ansehen sollen in der Stunde der Versuchung: „Sehet an das Ende des Herrn" (Jak 5,11). Seine Geduld im Leiden wird die Lust unseres Fleisches töten, wird uns das Leiden unseres Fleisches gering erscheinen lassen, wird uns vor allem Hochmut bewahren und uns in aller Traurigkeit trösten. *Das Gebet Jesu Christi*, das er dem Petrus verheißen hat (Simon, der Satan hat euer begehrt, dass er euch sichte wie den Weizen, ich aber habe für dich gebeten, Lk 22,31f), vertritt unser schwaches Gebet vor dem Vater im Himmel, der uns nicht versuchen lässt über unser Vermögen.

Und erst wenn das ganz klar erfasst ist, dass der Gottverlassene die Versuchung bestehen muss, kann nun zuletzt daran erinnert werden, dass die Schrift auch vom *Kampf* der Christen redet. Wehrlos erleiden die Gläubigen die Stunde der Versuchung. Ihr Schutz ist Jesus Christus. Aber vom Himmel herab gibt der Herr den Wehrlosen das *himmlische Waffen*kleid, das zwar Menschenaugen nicht sehen, vor dem aber der Satan flieht, *Er* legt uns den Harnisch Gottes an, *Er* gibt uns den Schild des Glaubens in die Hand, Er setzt uns den Helm des Heils aufs Haupt, Er gibt uns das Schwert des Geistes in die Rechte. Es ist das Christuskleid, das Kleid seines Sieges, das er seiner kämpfenden Gemeinde anlegt.

Der Geist lehrt uns, dass die Zeit der Versuchungen noch nicht zu Ende ist, sondern dass den Seinen die schwerste Versuchung noch bevorsteht. Aber er verheißt uns auch: „Dieweil du bewahrt hast das Wort meiner Geduld, will ich dich auch bewahren vor der Stunde der Versuchung, die kommen wird über den ganzen Weltkreis, zu versuchen die da wohnen auf Erden. Siehe, ich komme bald" (Offb 3,10 f) und „Der Herr weiß die Gottseligen aus der Versuchung zu erlösen" (2Petr 2,9).

So beten wir, wie Jesus Christus uns gelehrt hat, zum Vater

im Himmel: „Führe uns nicht in Versuchung" und wissen, dass unser Gebet erhört ist, denn alle Versuchung ist *in Jesus Christus* überwunden für alle Zeit bis ans Ende. So sprechen wir doch zugleich mit Jakobus: „Selig ist der Mann, der die Versuchung erduldet; denn nachdem er bewährt ist, wird er die Krone des Lebens empfangen, welche Gott verheißen hat denen, die ihn liebhaben" (Jak 1,12). Die Verheißung Jesu Christi aber heißt: „Ihr seid's, die ihr beharret habt bei mir in *meinen Versuchungen* und ich will euch das Reich bescheiden" (Lk 22,28 f).

Der Diener am Hause Gottes

Bibelarbeit über Timotheus

Finkenwalde, 20.10.1936

I. Paulus und Timotheus

Wie verhält sich der Glaube der großen Paulusbriefe zu den Pastoralbriefinhalten?

Paulus redet über den Wandel dessen, dem im Hause Gottes ein Dienst aufgetragen ist. Er schreibt an den „rechtschaffenen Sohn im Glauben" (1 Tim 1,2). Damit ist klar, dieser Brief steht nicht im Verhältnis einer kirchlichen Praxis zur Theorie, sondern Timotheus wird als ein solcher angeredet, der im Glauben mit Paulus eins ist. Timotheus steht im selben Glauben des Paulus, das heißt er steht im Glauben des Römerbriefes. Dieses „im Glauben" ist nicht eine vom vollen Gehalt des paulinischen Glaubens gelöste Floskel. Ist aber Timotheus das „echte Kind im Glauben", so heißt das, die ganze Wahrheit des Evangeliums ist vorauszusetzen, die fides quae creditur. Eben weil sie die Voraussetzung von allem ist, braucht sie nicht explizit dargelegt zu werden. Vielmehr genügt der beiläufige Hinweis in den Pastoralbriefen auf diese Voraussetzung (2 Tim 2,8). So wird geredet zu einem, der immerdar bei dieser guten Lehre gewesen ist (1 Tim 4,6). Die Pastoralbriefe wollen also verstanden werden auf der Voraussetzung des in den großen Paulinen gegebenen Glaubensverständnisses.

„Meinem rechtschaffenen Sohn im Glauben". Es ist ein Unterschied, ob Paulus jemand seinen rechtschaffenen Sohn im Glauben nennt oder ob einer Paulus seinen geistigen Vater nennt und es doch nicht ist. Wer sein echter Sohn ist, das sagt der Vater allein aus.

Paulus spricht zu Timotheus nicht als zu einem Freund, als zu einem Bruder, auch nicht als zu einem Gegenüber von Untergebenen und Vorgesetzten, sondern alles, was Paulus an Timotheus schreibt über Dienst und Auftrag, das schreibt er als geistlicher Vater zu seinem Sohn. Der Vater kennt seinen Sohn. Er braucht darum nicht immer wieder alles zu wiederholen. Er gibt nicht unverbindliche Ratschläge, er gibt auch keine Dienstanweisungen. Er spricht in allen Dingen als geistlicher Vater über alle Dinge in verbindlicher Autorität, väterlicher Ermahnung und Liebe.

II. Der Wandel im Hause Gottes

Paulus gibt den Grund seines Schreibens an (1 Tim 3,14 f): Also „dass du wissest, wie du wandeln sollst im Hause Gottes". Das ist der Zweck des Briefes. Das soll Leben und Arbeit des Timotheus sein. Es wird ihm in Erinnerung gebracht, dass er nicht etwa dazu da ist, ein berufliches Ideal zu verwirklichen, sondern er ist unter seiner Gemeinde und lebt unter ihr. Sie ist das Haus Gottes. Er ist also nicht der Prediger vom Sonntag, der Helfer der Armen oder sonst etwas. Es ist nicht die Rede von dieser oder jener Tätigkeit seinerseits, nein, es ist von ihm selbst die Rede. Timotheus kann seine Arbeit von sich selbst nicht mehr trennen. Überall sonst geht das, hier nicht. Das ist eben sein Amt und seine Arbeit, recht wandeln im Hause Gottes. Darin besteht sein Amt. Es gibt auch nicht den Rückzug vom Amt in die persönliche Privatsphäre oder umgekehrt. Timotheus ist keinen Augenblick Privatperson. Jeder Augenblick ist eben Wandel in der Gemeinde, würdiger oder unwürdiger.

Timotheus bedarf dazu der apostolischen Belehrung. Wäre

sein Amt allein die Verkündigung der Predigt, dann wüsste Timotheus wohl, worum es ginge. Denn lange genug ist er herumgezogen mit Paulus.

Dem Timotheus muss noch einmal gesagt werden, was die Gemeinde sei (1 Tim 3,15): στῦλος καὶ ἑδραίωμα τῆς ἀληθείας [Pfeiler und Grundfeste der Wahrheit]. Nicht dies steht im Vordergrund, dass Timotheus Träger der Wahrheit ist – gewiss ist er dies auch – sondern dass die ganze Gemeinde Tragpfeiler ist. Diese Wahrheit ist nicht eine Lehre, zu deren Verkündigung die Gemeinde gesetzt ist, sondern sie ist das Geheimnis, das Mysterium, das in der εὐσέβεια gewahrt wird. Es ist ein Geheimnis, das nicht zur Doktrin aufgelöst wird, sondern allein in der εὐσέβεια begriffen und angebetet wird; ein Geheimnis, das darum hier auch nicht in einer dogmatischen Formel beschrieben wird, sondern in einem Hymnus.

Keinerlei große Dinge werden von Timotheus gefordert, sondern zu dem schlichten Wandel angesichts dieser Wahrheit wird er angehalten. Timotheus wird hier nicht der Missionar!

III. Timotheus

Wer ist Timotheus? Welches Interesse können wir an dieser Frage nehmen? Was für ein Mensch ist dieser Diener am Hause Gottes denn gewesen? Was für Gaben und Qualitäten besaß er? Welche innere Entwicklung hatte er durchgemacht? Welche Voraussetzung bringt er zu diesem Beruf mit? Alle Antworten werden uns versagt: Apg 16,1 f; 2 Tim 3,15; 2 Tim 1,5; Apg 16,3. Worin besteht das Eigenartige all dieser Beschreibungen, die wir von Timotheus kennen? Darin, dass sie so gar nicht von innen, sondern gänzlich von außen her erfolgen: seine Familie, sein Ruf, seine Erziehung in der

Schrift, seine Beschneidung. Diese Dinge, deren keines etwas über seine innere Geschichte aussagt, genügen zur Beschreibung dieses ungewöhnlichen Mannes. Kein Wort über seine besonderen Gaben und seine besondere Geschichte. Warum nicht? Weil offenbar nichts von diesem mit dem Dienst am Hause Gottes zu tun hat. Es ist genug, dass er im Glauben steht und dass er nach außen keinen Anstoß gibt.

Das scheint sehr nüchtern. Also kein Mann der glänzenden Beredsamkeit, kein Mann reformatorischer, vorwärts drängender Geschichte etc. All diese Bilder stellen den Timotheus ganz in den Schatten. Im Glauben stehen und keinen Anstoß geben! Wir würden sagen, das ist die selbstverständliche Voraussetzung. Paulus aber sagt, das ist alles! Paulus scheint andere Ansprüche an den Diener am Wort gestellt zu haben als wir.

Dieser Timotheus, der so von außen beschrieben ist, ist der treue Gefährte des Paulus gewesen. Im Römerbrief, den beiden Korinthern, im Philipper- und Kolosser- und beiden Thessalonicherbriefen ist er mit unter denen, die grüßen. Paulus nennt ihn Röm 16,21 seinen Gehilfen, 1Kor 4,17 seinen lieben und treuen Sohn, 2Kor 1,1 seinen Bruder. Er nennt ihn auch Phil 1,1 Knecht Jesu Christi, 1Thess 3,2 auch Diener Gottes und Gehilfen am Evangelium; oder 1Kor 16,10: „Er treibt auch das Werk Gottes gleichwie ich." Dieser Timotheus hat neben dem Apostel kein Eigenleben zu führen begehrt. Er hat nichts Besonderes neben dem Apostel sein wollen (2Tim 3,10 f!). Timotheus hatte also nicht den Ehrgeiz einer eigenen Lehrbildung, einer eigenen Theologie. Er hatte die apostolische Theologie, das genügte ihm. Er beanspruchte auch nicht das Recht der Freiheit einer eigenen Lebensführung, sondern wollte leben wie Paulus. Er lebte das apostolische Leben mit Paulus mit. Nicht einmal eigene Pläne, eigene Ideen hatte er in seinem Dienst gehabt. Er handelte wie Paulus.

Weil Timotheus so gebunden war an die apostolische Lehre und an das apostolische Leben, darum trennte er sich auch nicht von Paulus im Leiden. Er trug es ebenso selbstverständlich und selbstlos, wie es seine Gemeinschaft mit Paulus überhaupt war. Paulus scheint sich hier zu beziehen auf die Ereignisse von Apg 13 und 14. Und offenbar ist Timotheus Zeuge dieser Ereignisse, der Leiden des Paulus gewesen. Das ist sehr bedeutsam. Denn es geht daraus hervor, dass Timotheus von vornherein, schon vor den Reisen wusste, mit wem er es zu tun hatte, wenn er mit Paulus ging. Er hatte den verfolgten und leidenden Paulus doch gesehen und offenbar hierin nicht den Grund zum Anstoß, sondern den zur Gemeinschaft gefunden. Die Gemeinschaft der apostolischen Lehre und des apostolischen Lebens, das war die einzige tragfähige Voraussetzung für solchen Dienst. Der alte Apostel, der später aus dem Gefängnis in Rom schreibt, kann sich auf diesen seinen echten Sohn im Glauben verlassen bis zuletzt. Es ist begreiflich, dass der Apostel ihn in seinem letzten Brief nach Rom ruft (2 Tim 1,4; 4,9.21). Dieser letzte Ruf des Paulus, der seine Hinrichtung erwartet, ist nur eine andere Beschreibung des Timotheus von außen her, die letzte; aber sie sagt mehr als irgendeine andere zu sagen vermöchte.

IV. Die Berufung und der Auftrag des Timotheus

Timotheus hat seinen Auftrag von Paulus empfangen, soll in Ephesus bleiben, während Paulus nach Mazedonien zieht (1 Tim 1,3). Er soll achthaben auf die Gemeinde als Haushalter. Ephesus war die größte der kleinasiatischen Gemeinden. Unter Tränen verlässt er Paulus (2 Tim 1,4). Timotheus handelt hier nach apostolischem Befehl. Er nimmt auch diesen Auftrag wie alles andere aus der Hand des Paulus. Die Arbeit ist groß und schwer, und Timotheus ist jung. Dazu Trennung vom Apostel.

Eine besondere Schwierigkeit für Timotheus besteht darin, dass er in der Gemeinde auf keinerlei Rechtsordnung und Satzung stößt. Alles ist auf seine persönliche Bewährung gestellt. Es kommt darauf an, ob er sich als der junge Mann in der jungen Gemeinde geistliche Autorität zu verschaffen weiß. Nirgends kann er sich hinter seiner Person auf sein Amt zurückziehen.

Was befähigt den Timotheus, so auf sich allein gestellt, zu solchem Dienst? Wo sind die Gaben, die er braucht, um Menschen zu gewinnen, zu leiten? Hat er die Gabe zu diesem Dienst? Wie soll Timotheus dessen gewiss sein, dass er der rechte Mann für dieses Amt ist? Soll er auf seine Leistung, die er mit Paulus vollbrachte, zurücksehen? All die Fragen lässt Paulus dem Timotheus gar nicht zu. Alle Zweifel, die sich einstellen möchten an seiner Gabe und Fähigkeit, schlägt Paulus ab, indem er zu ihm sagt: „Erinnere dich, dass du erweckest die Gabe Gottes, die in dir ist durch die Auflegung meiner Hände." (2 Tim 1,6).

Von welchen Gaben redet Paulus? Nicht von irgendeiner natürlichen Anlage und Begabung, sondern von der Gabe, die durch Auflegen seiner Hände und der Ältesten auf Timotheus gekommen ist und nun in ihm wohnt. „Entflamme diese Gabe!" Paulus gibt dem Diener am Wort keinen falschen Trost, etwa: Sieh auf deine reiche Erfahrung, auf deine Erfolge! Paulus sagt anderes zu dem, der in Zweifel gerät. Er sagt: Es waren Männer der Gemeinde da, die die Gabe der Weissagung haben, die haben dich für diese Aufgabe ausgesondert. Es war der Apostel Jesu Christi da, der hat dir die Hände aufgelegt und für dich um diese Gabe gebetet. So sei gewiss, Gott hat dich zu dieser Arbeit und zu diesem Amt berufen. Er hat dich ans Werk gestellt. Er wird es dem, den er berufen hat, an keiner Gabe fehlen lassen. Murre nicht, zweifle nicht, sondern erwecke die Gabe, die in dir ist durch Auflegung der Hände, die dir geschenkte Gabe des Geistes für dein Amt! „Denn Gott hat uns nicht gegeben den Geist der Furcht" – auch nicht den vor unserer eigenen Unbrauchbarkeit – „sondern der Kraft und der Liebe und der Zucht" (2 Tim 1,7). In dem allen (2 Tim 1,8): „Schäme dich des Zeugnisses unseres Herrn nicht!" (und 1 Tim 6,13 ff). Du hast also den Ruf Gottes empfangen; „bewahre das beigelegte Gut durch den Heiligen Geist, der in dir wohnt" (2 Tim 1,14). Die Gabe ist in ihm dadurch, dass Gottes Wort sie ihm wieder zuspricht. Auf dieses Wort hin ist die Gabe wieder da. Sie ist nicht in uns ruhend, sondern die Gabe ist da, wo das Wort dich trifft und dir sagt, du bist ja zu dieser Aufgabe verordnet. Es ist also der Zuspruch, der hier alles tut, nicht der Zustand.

Timotheus ist gesichert gegen allerlei Widerspruch, den er in seiner Gemeinde hören muss; gerade auch gegen solche, die sich um ihrer größeren Gaben willen über ihn erheben wollen; gegen solche, die seine Jugend verachten wollen (1 Tim 4,12), die sich auf ihre Erfahrungen stützen. Timotheus soll sich nicht unsicher und zweifelhaft machen lassen an seiner Berufung. Die Weissagungen, die Timotheus ins Amt führten, die führen ihn auch in den Kampf, in dem er sich bewähren muss vor Befleckung, Schändung, Entehrung, mit persönlichen Mitteln dem Amt die Würde und die Kraft zu rauben. In der Kraft der Ordination, der Handauflegung gilt es für Timotheus, wesentliche Kämpfe durchzukämpfen. Er soll eine gute Ritterschaft üben (1 Tim 1,18). Er kämpft damit nicht für sich selbst, sondern für den Bau der Gemeinde, der ihm befohlen ist.

Aber tue alles, indem du Glauben und gutes Gewissen habest (1 Tim 1,19). Es ist für Paulus nicht denkbar, dass einer den Wandel im Hause Gottes recht führen kann, der nicht selbst im Glauben steht und vor Gott ein gutes Gewissen hat. Paulus gibt keinen Anlass zu dem Missverständnis, dass

Timotheus in der Kraft seines Glaubens anderen Glauben wecken könnte. Also nicht an seinem Glauben entzündet sich anderer Glaube, nein, es bleibt der Auftrag und das Wort. Aber der Auftrag kann nicht recht erfüllt werden, wenn nicht Timotheus im Glauben steht. Aber Paulus denkt an das ganze Amt, nicht nur an das Predigen. Hier weiß Paulus, dass keiner mit vollem Einsatz predigen kann, der nicht selbst im Glauben lebt oder den sein Gewissen verklagt. Ein solcher wird gelähmt in seinem Tun, in seinem Zorn und in seiner Kraft. Ein solcher ist kraftlos, wenn es in den Kampf geht. Es ist hier deutlich, wie eng Amt und Person zusammenliegen. So gewiss die Berufung in das Amt nicht den Glauben schafft, so gewiss sind Berufung und Glaube untrennbar verbunden, wenn das Amt im Segen auch für den, der es trägt, geführt werden soll. Dass Timotheus schon lange im Glauben steht, ist für Paulus gewiss (2 Tim 1,5). Das persönliche Lebensziel des Timotheus ist also mit dem Ziel der Gemeinde aufs Engste verbunden (1 Tim 6,12). Bleibt Timotheus dem Glauben treu, so bleibt er auch seinem Beruf treu. Niemals darf der Amtsträger sich selber rechtfertigen, indem er sich von seiner persönlichen Sünde auf sein Amt zurückzieht. Allein einen Sinn kann die Trennung von Amt und Person haben: „Gottes Wort ist nicht gebunden" (2 Tim 2,9). Es hängt niemals an meiner Person, aber meine Person hängt unter allen Umständen an meinem Amt. Dass Gottes Wort ungebunden ist und nicht an meiner Person hängt, das ist Trost für den angefochtenen Prediger, aber nicht Ruhekissen für seinen Unglauben. Der Glaube geht nicht zusammen mit unreinem Gewissen. In der Gemeinschaft mit Christus ist der Glaubende recht fertig gemacht zum guten Werk (1 Tim 2,10.15; 5,25; 6,18; 2 Tim 2,21; 3,17; Tit 2,14; 3,1.8.14). Die Meinung, wer den Glauben habe, brauche nach dem guten Gewissen nicht mehr zu fragen, war schon damals vorhanden und führte zum Schiffbruch (1 Tim 1,19). Wer im Ungehorsam beharrt, wer sich dem Gebot leichtfertig entzieht, der verliert mit dem guten Gewissen auch den Glauben. Denn das böse Gewissen ist Gift in ihm, frisst um sich, zerstört und zersetzt den Glauben. Glaube und gutes Gewissen sind die einzige Forderung, die Paulus an den Diener in der Gemeinde stellt. So auch bei dem Diakon (1 Tim 3,8 f). Das reine Gewissen ist das Gefäß des Glaubens (2 Tim 1,15).

Paulus fordert kein Wort von Erkenntnissen und Erlebnissen, wo er von Glauben und Gewissen redet. Vielmehr beschreibt er den Bischof und Diakon als im Glauben und Gewissen gebunden, nach außen unanstößlich, lange erprobt, nicht Neulinge, an denen der Lästerer kein Recht findet. Es ist der Mann, der den Geist der Kraft und der Liebe und der Besonnenheit hat; keiner, der in Gefahr kommt, die Bewunderung der Leute auf sich zu ziehen. Einem solchen werden dann – und auch ihm nicht allzu bald und unversehens – die Hände aufgelegt, womit er dann zum Dienst an der Gemeinde verordnet ist (1 Tim 5,22).

V. Timotheus und die Irrlehrer

Timotheus wird in Ephesus zurückgelassen, dass er „etlichen geböte, dass sie nicht anders lehrten" (1 Tim 1,3). Sein Auftrag ist also Abwehr der Irrlehre von der Gemeinde. Die Gemeinde scheint dazu allein nicht in der Lage zu sein, sondern es bedarf eines Amtes, des apostolischen Amtes, diesen Auftrag zu versehen. Dass Timotheus gebieten soll, macht deutlich, dass die Irrlehrer in der Gemeinde stehen.

Wer sind die Irrlehrer? Menschen, die anstelle der gesunden Lehre eigene, selbst gemachte Gedanken, Probleme und Lehren setzen. Sie haben nicht genug an der einfachen Wahrheit, sondern verlieren sich mit Problemen und Weltanschauungen, die niemand beantworten kann, die zu endlosen Fragen führen, aber nicht zum Aufbau dienen. Sie huldigen dem antichristlichen Satz, das Streben nach der Wahrheit sei besser als der Besitz und die Erkenntnis der Wahrheit. Sie haben die Seuche der Fragen und Wortkriege (1Tim 6,4). Sie lernen immerdar und können nimmermehr zur Erkenntnis der Wahrheit kommen (2Tim 3,7). Es sind die ewig strebenden, ringenden, problematisierenden und ungewissen Menschen. Die Lehre, die aus solcher Haltung entspringt, ist nicht gesund, sondern krank wie ein Krebsgeschwür (2Tim 2,17).

Warum urteilt Paulus so hart über diese nahe stehenden, ernsthaften, menschlichen Menschen? Die Diagnose, die Paulus den Irrlehrern stellt, ist einfach, klar und hart. Es sind die, die das einfältige Gebot nicht wollen, weil sie nicht gehorchen wollen. Dieses ewige Fragen, diese ewige Ungewissheit kommt im Grunde aus einem Brandmal, das diese in ihrem Gewissen tragen (1Tim 4,2). Darum haben sie keine Gewissheit im Glauben an Gottes Wort, dem sie sich entziehen. Sie rechtfertigen ihr unreines Gewissen durch allerlei Fragen, Spekulationen und Zweifel. Sie leben im Schein der Frömmigkeit und sind doch Lügner (1Tim 4,2). Es ist nicht einmal gesagt, dass sie das selbst wissen. Sie glauben, gerade in ihrer ewigen Ungewissheit die Heiligen zu sein. Sie haben den Schein des gottseligen Wesens, aber seine Kraft verleugnen sie (2Tim 3,5). Sie haben den Anschein des Sünders, der im Zittern vor Gott lebt als der Gerechtfertigte, aber seine Kraft verleugnen sie.

Aber rechtfertigt sich nicht ihre Christlichkeit darin, dass sie es zu einer ungewöhnlichen Heiligkeit bringen können (1Tim 4,3)? Ist nicht ihr heiliges Leben ein Erweis ihres echten Christenstandes? Muss ihr Ernst vor den Forderungen uns nicht jedes Wort der Kritik verbieten? Paulus behält den klaren Blick dessen, der auf das Evangelium allein sieht. Er sieht gerade in dieser Heiligkeit aus Reflexion die ganze Krankheit der Menschen. Diese Heiligkeit ist nicht die gesunde Lehre des Evangeliums und nicht der Kraft des Gehorsams entsprungen, sondern die Krankheit eines ungehorsamen befleckten Gewissens. Diese Heiligkeit ist die kranke Aufgeblasenheit dessen, der nicht in einfältigem Gehorsam gegen Gott wandeln will (1 Tim 6,4). Es ist kein Unterschied zwischen solcher Scheinheiligkeit und weltlichem Umgetriebenwerden von den eigenen Lüsten (2 Tim 3,6). Sie schleichen durch die Häuser mit ihrer heimlichen und nicht-öffentlichen Lehre. Sie machen sich die Schwachen zu Dienst, sie führen die Weiblein gefangen, sie knechten sie durch ein Evangelium des Scheins, der Selbstgefälligkeit. Die großen Lasterkataloge 1 Tim 1,9 f und 6,3 ff gelten auch gerade denen, die aus krankem Glauben zu kranker Heiligkeit kommen. Sie alle sind eben derselben Laster schuldig. Also nicht weil diese Irrlehrer eine verkehrte Erkenntnis hätten, sondern weil sie im Widerspruch gegen Gott leben und leben wollen und verharren, weil sie irgendwie und irgendwo nicht gehorchen wollen, darum ist ihre Lehre so tödlich wie ein Krebsgeschwür.

Wenn das das Bild der Irrlehrer ist, was soll Timotheus dann tun? Soll er ihnen nachgehen, sie durch geduldige Liebe überwinden? Soll er die, die im Ernst Christ sein wollen, in der Gemeinde tragen als Brüder? Soll er über die Grundwahrheit des Evangeliums von Neuem anfangen zu evangelisieren? Das entspräche dem, was das fromme Fleisch für richtig hält. Paulus aber gibt eine andere Weisung: Lehre du die gesunde Lehre, die Lehre von der Sünde des Menschen, von der Buße, von der Barmherzigkeit, vom Gehorsam gegen das Gebot, dann hast du diese getan. Hören sie nicht, dann tue dich von ihnen (1 Tim 6,5; 4,7; 6,20; 2 Tim 3,5).

Warum spricht Paulus so? Er weiß, dass nichts für die Gemeinde verführerischer ist, als dass die sarkische Heiligkeit und Christlichkeit irgendwie bestärkt wird, dieses fromme Fleisch irgendwie am Leben erhalten wird. Diese Krankheit ist unheilbar ansteckend und gefährlich. Paulus weiß, dass er diesen Leuten nur zu Willen wäre, wenn er sich nur aufs Diskutieren einließe. Er bestärkte sie dann in der Meinung, dass die Wahrheit durch Problematisieren und nicht durch Gehorsam zu gewinnen wäre. Man kann aber nicht mit solchen diskutieren, die nicht gehorchen *wollen.* Joh 7,17: „So jemand will des Willen *tun,* der wird innewerden …". Aus dem Gehorchen kommt die Erkenntnis. Durch Gehorsam gegen sein Wort werden wir in alle Wahrheit geleitet (1Tim 1,5).

Jede andere Gemeinschaft müsste missdeutet werden und hätte keine Verheißung. Der einzige christliche Dienst, den Timotheus seiner Gemeinde tun kann ist der, jegliche Gemeinschaft mit ihnen abzubrechen, wo sie die gesunde Lehre verachten. In der Gemeinschaft des apostolischen Lebens und der apostolischen Lehre hebt Timotheus die Gemeinschaft mit den Irrlehrern auf.

VI. Timotheus und seine Gemeinde

Im Auftrag des Apostels steht Timotheus in der Gemeinde, kraft eines guten Gewissens (1Tim 1,18 f; 6,3; 2Tim 1,13; 4,3; Tit 1,9; 2,1). Darin besteht die Gesundheit der Lehre. Keineswegs besteht die Gesundheit der Lehre darin, dass diese Lehre nun irgendwie der Wirklichkeit in gesunder Weise angepasst wäre oder dass das Lehrmäßige nicht übertrieben wäre. Nicht die Praxis macht die Lehre gesund, sondern die gesunde Lehre wirkt die rechte Praxis, das gute Gewissen, den willigen Gehorsam. Eine Lehre, die das nicht wirkt, ist kranke Lehre. Von Paulus ist dem Timotheus die gesunde Lehre vertraut (2Tim 2,2). Er hat bekannt vor treuen Zeugen. Timotheus wiederum empfiehlt sie treuen Menschen (1Tim 6,12.20). „Gottes Wort ist nicht gebunden" (2Tim 2,9). „Predige das Wort, halte an, es sei zu rechter Zeit oder zur Unzeit" (2 Tim 4,2). Wer weiß denn, was Zeit und Unzeit für ein Wort ist? Wer weiß denn die Zeit Gottes? Es gibt keine Möglichkeit, den Kairos Gottes aus den Gegebenheiten zu kennen. Die Predigt selbst schafft sich den καιρός, nicht aber erzwingt sich der καιρός die Predigt. Die Predigt des Timotheus ist nicht beschränkt auf die Sonntagsverkündigung.

Wenn Timotheus so sein Amt ausrichtet 2 Tim 4,3, werden die Menschen die gesunde Lehre nicht ertragen. Sie werden sich der kranken Lehre zuwenden, die der Weichlichkeit schmeichelt. Das *muss* so kommen, denn das apostolische Wort scheidet den Glauben von der Heuchelei (2 Tim 4,4). Timotheus soll sich hierdurch nicht beirren lassen 2 Tim 4,5. „Nüchtern" ist Timotheus dann, wenn er weiß, dass die gesunde Lehre solche Scheidung bringen muss. Nüchtern, wenn er in der Gemeinschaft der apostolischen Lehre bleibt und sein Vertrauen allein auf seinen Auftrag und Sein Wort setzt.

Deswegen kann ihm auch gesagt werden: „Leide!" Paulus will nicht, dass es etwas Dramatisches sei, dieses Leiden des Amtsträgers. Darum sagt er es so einfach, so hart und selbstverständlich. Es ist das apostolische Leben, das hier groß wird (2 Tim 2,3).

Nun braucht Paulus nur noch zusammenzufassen: Tue das Werk eines Evangelisten, mache deinen Dienst voll, das heißt bleibe treu bis zum Ende. Paulus will damit seinem „Sohn im Glauben" nicht das Herz schwer machen. Er versichert ihn seiner Gemeinschaft. „Ich werde schon geopfert und die Zeit meines Abscheidens ist nahe" (2 Tim 4,6). Der Grund der apostolischen Arbeit und der Grund der Schmähung ist ein und derselbe! Timotheus und Paulus haben auf den lebendigen Gott gehofft (1 Tim 4,10). Das ist das irdische Ziel apostolischer Lehre und apostolischen Lebens, hinter dem die Gewissheit steht: „Sterben wir mit, so werden wir mit leben …" (2 Tim 2,11).

Wenn wir so das Amt des Timotheus sehen, so ist es fast befremdlich, dass Paulus dem Timotheus trotz allem Ermahnungen für sein persönliches Leben gibt. Wie würde sich heute ein Kirchenmann das verbitten, wenn gesagt würde: „Habe acht auf dich selbst und auf die Lehre …" (1Tim 4,16). „Sei ein Vorbild …" (4,12. Dazu 1Tim 5,22; 2Tim 4,22; 2Tim 2,24). Timotheus soll seiner Frömmigkeit nicht allzu gewiss sein. Auch er als erfahrener Kirchenmann bedarf dieser Mahnung, dieser Übung. Der gesunde Glaube bedarf der Einübung, der Ermahnung, die den Glaubenden schützt vor den Anläufen des Teufels. Auch Timotheus ist nicht geschützt vor ihnen. Timotheus soll nicht allzu gesetzlich sein: Trink nicht immer Wasser! (1Tim 5,23). Die Autorität seines Amtes soll er nicht missverstehen, nicht überheblich sein mit den Alten (1Tim 5,1 f). In seiner Amtsführung soll er nicht parteiisch sein (1Tim 5,22). Es ist eine harte Seelsorge, die so spricht. Die Briefe Luthers an seine Freunde können ganz ähnlich klingen. Wir sind noch viel zu viel in der kranken Lehre drin, als dass wir es vermöchten, uns in Bezug auf die öffentlichen Dinge des Lebens anzureden, ohne gekränkt zu sein. Es ist merkwürdig, dass Paulus dem Timotheus die einfachsten Dinge hundert Mal gesagt hat. Aber gerade dadurch, dass sie immer wieder gesagt werden, sind sie eine neue Kraft, ein neuer Halt. Warum? Paulus weiß, dass dort, wo ein Christ lebt, der Teufel auf ihn lauert. Timotheus lebt hart am Abgrund, gerade als Diener im Hause Gottes. Es geht Paulus darum, dass ihm sein Amt nicht zum Fluch werden möchte. Die Seligkeit des Timotheus als Amtsträger hängt an seinem Amt. Person und Amt sind hier selbst ungeschieden. Das Amt kann dem Träger des Amtes zum Fluch werden oder zur Seligkeit. Es gibt keinen Dispens mehr davon. Am Tag Jesu Christi wird Timotheus Rechenschaft geben müssen (1Tim 6,14).

„Ich gebiete dir vor Gott", so spricht der Vater zum Sohn

(1 Tim 6,13). Das Gebot, das Timotheus halten soll, schließt Amt und Person ein. Paulus nimmt auch das Urteil Gottes über das Amt und die Person nicht vorweg. Aber Timotheus, dessen Leben in der Gemeinschaft mit der Gemeinde geführt war, wird getrost in seinem Amt mit der Gewissheit des Apostels, die auch seine Gewissheit werden möchte (2 Tim 4,7 f). Hier sollen dem Timotheus letzte Früchte des apostolischen Amtes und Lebens zuteilwerden. Das ist der letzte Wille des alten Paulus an seinen Sohn im Glauben und der Gemeinschaft apostolischen Lebens und apostolischer Lehre.

Von der Dankbarkeit des Christen

Stettin, 26.7.1940, ein theologischer Brief im Auftrag
des pommerschen Bruderrats

Dankbarkeit entspringt nicht aus dem eigenen Vermögen des menschlichen Herzens, sondern nur aus dem Worte Gottes. Dankbarkeit muss darum gelernt und geübt werden.

Jesus Christus und alles, was in ihm beschlossen ist, ist der erste und letzte Grund aller Dankbarkeit. Er ist das Geschenk vom Himmel, das kein Mensch sich nehmen konnte, in welchem uns die Liebe Gottes leibhaftig begegnet. Allein in Jesus Christus können wir Gott danken (Röm 7,25). In Jesus Christus gibt Gott uns alles.

Dankbarkeit sucht über der Gabe den Geber. Sie entsteht an der Liebe, die sie empfängt. Erst wenn sie zur Liebe Gottes durchgestoßen ist, ist sie am Ziel. Dann aber wird sie selbst zur Quelle der Liebe zu Gott und zu den Menschen.

Dankbarkeit ist demütig genug, sich etwas schenken zu lassen. Der Stolze nimmt nur, was ihm zukommt. Er weigert sich, ein Geschenk zu empfangen. Lieber will er verdiente Strafe als unverdiente Güte, lieber aus eigener Kraft zugrunde gehen, als aus Gnade leben. Er weist Gottes Liebe, die über Gute und Böse die Sonne scheinen lässt, zurück. Der Dankbare weiß, dass ihm von Rechts wegen nichts Gutes zukommt, er lässt aber die Freundlichkeit Gottes über sich walten und wird durch unverdiente Güte noch tiefer gedemütigt (Röm 2,4).

Dem Dankbaren wird alles zum Geschenk, weil er weiß, dass es für ihn überhaupt kein verdientes Gut gibt. Er unterscheidet darum nicht zwischen Verdientem und Unverdientem, zwischen Erworbenem und Empfangenem, weil in seinen Augen auch das Erworbene Empfangenes, das Verdiente Unverdientes ist.

In der Dankbarkeit kehrt jede Gabe verwandelt in ein Dankopfer zu Gott zurück, von dem sie kam.

Wofür ich Gott danken kann, das ist gut. Wofür ich Gott nicht danken kann, das ist böse. Ob ich aber Gott danken kann oder nicht, das entscheidet sich an Jesus Christus und seinem Wort. Jesus Christus ist die Grenze der Dankbarkeit. Jesus Christus ist auch die Fülle der Dankbarkeit; in ihm ist die Dankbarkeit ohne Grenze. Sie umschließt alle Gaben der geschaffenen Welt. Sie umfasst auch den Schmerz und das Leid. Sie durchdringt die tiefste Dunkelheit, bis sie in ihr die Liebe Gottes in Jesus Christus gefunden hat. Danken heißt Ja sagen zu allem, was Gott gibt, „alle Zeit und für alles" (Eph 5,20). Dankbarkeit vermag sogar die vergangene Sünde mit zu umschließen und zu ihr Ja zu sagen, weil an ihr Gottes Gnade offenbar wurde – o felix culpa (Röm 6,17).

In der Dankbarkeit gewinne ich das rechte Verhältnis zu meiner Vergangenheit, in ihr wird das Vergangene fruchtbar für die Gegenwart. Ohne die Dankbarkeit versinkt meine Vergangenheit ins Dunkle, Rätselhafte, ins Nichts. Um meine Vergangenheit nicht zu verlieren, sondern sie ganz wiederzugewinnen, muss allerdings zur Dankbarkeit die Reue treten. In Dankbarkeit und Reue schließt sich mein Leben zur Einheit zusammen.

Dankbarkeit kann nur zusammen bestehen mit aufrichtiger Buße und mit brüderlicher Liebe zu dem, der die unverdiente Gabe, die mir zuteilwurde, nicht empfing. Ohne Buße und ohne Liebe wird meine Dankbarkeit zum verfluchten Pharisäerdank.

Es ist verfluchter Pharisäerdank, wenn ich die unverdient empfangene Gabe zum Selbstruhm vor Gott und Menschen missbrauche (Lk 18,9 ff), wenn ich nur darum eiligst Gott meinen Dank abstatte, um mich von ihm loszukaufen, um alsbald wieder in meiner alten Selbstherrlichkeit dazustehen. Pharisäerdank ist das religiöse Zeremoniell des Undanks.

Es ist verfluchter Pharisäerdank, wenn der Reiche den Tisch des Armen leer sieht und leer lässt und für das Seine als Gottes Segen dankt.

Es ist verfluchter Pharisäerdank, wenn ich die Liebe Gottes, die ich erfuhr und für die ich danke, den Benachteiligten schuldig bleibe. Es ist Lästerung des Schöpfers des Armen (Spr 14,31).

Gottes Wort verklagt mich solange, bis ich meinen Dank für die empfangene Gabe in aufrichtige Umkehr und in tätige Liebe verwandle. Dann aber schenkt Gottes Wort mir das freie Gewissen, zu danken mitten in einer argen und elenden Welt.

Zehn rufen in ihrer Angst und Not: „Jesus, lieber Meister, erbarme Dich!" Aber nur einer von zehn kehrt nach erfahrener Rettung um und dankt Jesus, und dieser eine ist ein Samariter (Lk 17,11 ff). In Gefahr und Schmerzen schreien viele zum „lieben" Gott, mehr als wir ahnen, aber nach der Genesung ist neun unter zehn dieser Gott gar nicht mehr so „lieb", die Heilung ist ihnen alles, der Heiland nichts. Jesus fragt: „Wo sind die neun?" Jesus sucht den Dank, nicht um seinetwillen, sondern um ihretwillen.

Undank erstickt den Glauben, verstopft den Zugang zu Gott. Nur zu dem einen dankbaren Samariter sagt Jesus: „Dein Glaube hat dir geholfen." Den Undankbaren ist trotz der Genesung in Wahrheit nicht geholfen.

Es ist die Ursünde der Heiden, dass sie Gott, dessen Dasein sie wussten, nicht „als Gott gedankt haben" (Röm 1,21). Wo Gott als Gott erkannt wird, dort sucht er als Erstes den Dank seiner Geschöpfe.

Undankbarkeit beginnt mit dem Vergessen, aus dem Vergessen folgt Gleichgültigkeit, aus der Gleichgültigkeit Unzufriedenheit, aus der Unzufriedenheit Verzweiflung, aus der Verzweiflung der Fluch.

Dem Dankbaren zeigt Gott den Weg zum Heil. Lasse dich fragen, ob dein Herz nicht etwa durch Undank so mürrisch, so träge, so müde, so verzagt geworden ist. Opfere Gott Dank, und „da ist der Weg, dass ich ihm zeige das Heil Gottes" (Ps 50,23).

PREDIGTEN AN WENDEPUNKTEN

Trauerfeier für Julie Bonhoeffer

Psalm 90
15.1.1936, in der Friedhofskapelle Berlin-Halensee

Mit Fried und Freud fahr ich dahin
in Gottes Willen;
getrost ist mir mein Herz und Sinn,
sanft und stille.
Wie Gott mir verheißen hat:
Der Tod ist mein Schlaf worden.

So spricht die Heilige Schrift: „Der Gerechten Seelen sind
in Gottes Hand, und keine Qual rühret sie an. Von den Un-
verständigen werden sie angesehen, als stürben sie, und ihr
Abschied wird für eine Pein erachtet. Aber sie sind im Frieden". – „Und Gott wird abwischen alle Tränen von ihren
Augen, und der Tod wird nicht mehr sein, noch Leid noch
Geschrei noch Schmerz wird mehr sein. Denn das Erste ist
vergangen. Und der auf dem Stuhl saß, sprach: Siehe, ich mache alles neu" (Weisheit Salomos 3; Offenbarung Johannes
21).

 Jerusalem, du hochgebaute Stadt,
 wollt Gott, ich wär in dir!
 Mein sehnlich Herz so groß Verlangen hat
 und ist nicht mehr bei mir;
 weit über Berg und Tale, weit über blaches Feld
 schwingt es sich über alle und eilt aus dieser Welt.
 O schöner Tag und noch viel schön're Stund,
 wann wirst du kommen schier,
 da ich mit Lust und freiem Freudenmund
 die Seele geb von mir

in Gottes treue Hände zum auserwählten Pfand,
dass sie mit Heil anlände in jenem Vaterland!

Psalm 90: „Herr Gott, du bist unsere Zuflucht für und für. Ehe denn die Berge wurden und die Erde und die Welt geschaffen wurden, bist du, Gott, von Ewigkeit zu Ewigkeit, der du die Menschen lässest sterben und sprichst: Kommt wieder, Menschenkinder! Denn tausend Jahre sind vor dir wie der Tag, der gestern vergangen ist, und wie eine Nachtwache. Du lässest sie dahinfahren wie einen Strom; sie sind wie ein Schlaf, gleichwie ein Gras, das doch bald welk wird, das da frühe blühet und bald welk wird und des Abends abgehauen wird und verdorret. Das macht dein Zorn, dass wir so vergehen, und dein Grimm, dass wir so plötzlich dahin müssen. Denn unsere Missetaten stellst du vor dich, unsere unerkannte Sünde ins Licht vor deinem Angesicht. Darum fahren alle unsere Tage dahin durch deinen Zorn; wir bringen unsere Jahre zu wie ein Geschwätz. Unser Leben währet siebzig Jahre, und wenn's hoch kommt, so sind's achtzig Jahre, und wenn's köstlich gewesen ist, so ist es Mühe und Arbeit gewesen; denn es fähret schnell dahin, als flögen wir davon. Wer glaubt aber, dass du so sehr zürnest, und wer fürchtet sich vor solchem deinem Grimm? Lehre uns bedenken, dass wir sterben müssen, auf dass wir klug werden. Herr, kehre dich doch wieder zu uns und sei deinen Knechten gnädig! Fülle uns frühe mit deiner Gnade, so wollen wir rühmen und fröhlich sein unser Leben lang. Erfreue uns nun wieder, nachdem du uns so lange plagest, nachdem wir so lange Unglück leiden. Zeige deinen Knechten deine Werke und deine Ehre ihren Kindern. Und der Herr, unser Gott, sei uns freundlich und fördere das Werk unserer Hände bei uns; ja, das Werk unserer Hände wolle er fördern!"
In großer Dankbarkeit stehen wir heute am Grab unserer guten entschlafenen Großmutter. Gottes Hand ist freundlich

über uns gewesen, dass er sie bis heute unter uns gelassen hat. Wir können uns unser eigenes Leben nicht mehr denken ohne das ihre. Sie gehört ganz zu uns und sie wird immer ganz zu uns gehören. Und Gottes Hand ist auch freundlich über ihr gewesen bis zuletzt. Er hat sie nicht allein sein lassen. Er hat sie Kinder, Enkel und Urenkel sehen lassen. Er hat sie noch mitten in ihrer letzten schweren Krankheit für ein paar Tage fröhlich und gesund sein lassen, dass sie den Heiligen Abend noch einmal mit dem ganzen großen Haus feiern konnte, wie in all den Jahren zuvor. In großer Klarheit und Liebe hat sie bis zuletzt an all dem teilnehmen können, was jeden von uns persönlich und beruflich bewegte. Sie hat nach allen gefragt, die ihr nahestanden, und für jeden gute und liebe Gedanken und Wünsche gehabt. Gott hat ihr auch gegeben, in Klarheit zu sehen, wie es um sie stand, und er hat ihr die Kraft dazu gegeben, sich darein zu schicken. Und wenn wir heute traurig werden wollen, dass sie nicht mehr bei uns ist, so sollen wir doch darüber niemals vergessen, wie dankbar wir sein müssen.

„Herr Gott, du bist unsere Zuflucht für und für". In einem so langen Leben wie dem ihren gibt es Stunden, in denen man dies besonders lernen muss, dass man eine Zuflucht braucht. Früh hat sie ihren Vater verloren, zwei Söhne hat sie als Kinder hergeben müssen, im Krieg fielen drei Enkelsöhne; im Alter wurde es stiller um sie, als der Großvater starb, als ihre Geschwister heimgingen, als zuletzt noch wenige Jahre vor ihrem Tod unser guter Onkel Otto, ihr ältester Sohn, von uns ging. Gott hat oft sichtbar in ihr Leben eingegriffen; da hat sie es immer wieder lernen müssen, was sie von Kind auf gewusst hat: „Herr Gott, du bist unsere Zuflucht für und für. Ehe denn die Berge wurden und die Erde und die Welt geschaffen wurden, bist du, Gott, von Ewigkeit zu Ewigkeit". Daran hat sie sich auch in ihrer Krankheit gehalten. Sich in den Willen Gottes schicken; tragen, was einem auferlegt ist;

beherrscht und klar das Gegebene, das Wirkliche ins Auge fassen; tun, was nötig und geboten ist; schweigend und ohne Klage mit sich abmachen, worin einem ein anderer nicht helfen kann, und in alledem sich eine große innere Fröhlichkeit und kraftvolle Lebensbejahung bewahren – so hat sie ihr Leben aufgefasst und geführt, so ist sie gestorben, und so haben wir sie geliebt.

„Der du die Menschen lässest sterben und sprichst: Kommt wieder, Menschenkinder". Sie hat das Wiederkommen sehen dürfen in drei Generationen, und das war ihre größte Freude im Leben. Für ihre Kinder, Enkel und Urenkel war sie immer da, sie hatte immer und für alles Zeit, Ruhe und Rat. Und obwohl sie ganz mit jedem Einzelnen mitlebte, so kam doch ihr Urteil und ihr Rat immer aus einem weiten Abstand von den Dingen, aus einem unvergleichlichen Wissen um alles Menschliche und aus einer großen Liebe. Und während sie so die Generationen kommen und wachsen sah, wurde sie selbst bereit zum Gehen. In aller Erfahrung und Weisheit spürte man, dass sie von einer demütigen Erkenntnis der Grenzen allen menschlichen Wissens, Urteilens und Lebens getragen war. „Tausend Jahre sind vor dir wie der Tag, der gestern vergangen ist, und wie eine Nachtwache".

„Unser Leben währet siebzig Jahre, und wenn es hoch kommt, so sind es achtzig Jahre, und wenn es köstlich gewesen ist, so ist es Mühe und Arbeit gewesen." 93 Jahre alt ist sie geworden, und sie hat uns das Erbe einer anderen Zeit vermittelt. Mit ihr versinkt uns eine Welt, die wir alle irgendwie in uns tragen und in uns tragen wollen. Die Unbeugsamkeit des Rechtes, das freie Wort des freien Mannes, die Verbindlichkeit eines einmal gegebenen Wortes, die Klarheit und Nüchternheit der Rede, die Redlichkeit und Einfachheit im persönlichen und öffentlichen Leben – daran hing ihr ganzes Herz. Darin lebte sie. Sie hat es in ihrem Leben erfahren, dass es Mühe und Arbeit macht, diese Ziele wahr zu machen im eigenen Leben. Sie hat diese Arbeit und Mühe nicht gescheut. Sie konnte es nicht ertragen, wo sie diese Ziele missachtet sah, wo sie das Recht eines Menschen vergewaltigt sah. Darum waren ihre letzten Jahre getrübt durch das große Leid, das sie trug über das Schicksal der Juden in unserem Volk, an dem sie mittrug und mitlitt. Sie stammte aus einer andern Zeit, aus einer andern geistigen Welt – und diese Welt sinkt nicht mit ihr ins Grab. Dieses Erbe, für das wir ihr danken, verpflichtet.

Aber nicht nur ihr Leben, sondern gerade auch ihr Tod soll uns zur Lehre werden. „Herr, lehre uns bedenken, dass wir sterben müssen, auf dass wir klug werden." Auch solches sinnerfüllte, bewusste Leben steht unter dem Todesgesetz, das auf allem Menschlichen lastet. Auch wir müssen einmal gehen, mit all unseren Idealen, Zielen und unserer Arbeit. Klug werden, das heißt von seiner Grenze, von seinem Ende wissen, aber viel mehr noch von dem Jenseits dieser Grenze wissen, von dem Gott, der ist von Ewigkeit zu Ewigkeit, in dessen Hände wir fallen, ob wir wollen oder nicht, in dessen Händen sie jetzt aufgehoben ist in Ewigkeit. Was sollen wir über solchem erfüllten und reichen Leben noch sagen? Wir rufen den Gott an, der unsere Zuflucht ist, zu dem wir fliehen können in aller Not und Traurigkeit, Jesus Christus, in dem alle Wahrheit, alle Gerechtigkeit, alle Freiheit und alle Liebe ist. Wir rufen den Gott an, der allen Hass, alle Lieblosigkeit, alle Unruhe überwunden hat durch seine unüberwindliche Liebe am Kreuz Jesu Christi. Wir bitten, dass sie schauen dürfe in Ewigkeit, was hier verhüllt und verborgen bleibt unter Sünde und Tod, dass sie in Frieden und Klarheit schauen dürfe das ewige Angesicht Gottes in Jesus Christus.

Der Anfang, das Ende, o Herr, sie sind dein,
die Spanne dazwischen, das Leben, war mein;
und irrt' ich im Dunkeln und fand mich nicht aus –
Bei dir, Herr, ist Klarheit, und Licht ist dein Haus.

Und nun wollen wir nicht mehr traurig sein. Das war nicht ihr Sinn. Sie wollte nie einen Menschen traurig machen. Wir müssen zurück an unsere Arbeit und an unser Tagewerk. So hat sie es gewusst und gemeint. Sie liebte über alles die Tat und das Tagewerk. Darum wollen wir gestärkt von ihrem Grab fortgehen. Gestärkt durch ihr Bild, ihr Leben und Sterben, gestärkt aber viel mehr durch den Glauben an den Gott, der ihre und unsere Zuflucht ist für und für, gestärkt durch Jesus Christus. „Und der Herr, unser Gott, sei uns freundlich und fördere das Werk unserer Hände bei uns; ja, das Werk unserer Hände wolle er fördern!"

Frühe Vollendung: Trauerfeier für Hans-Friedrich von Kleist-Retzow

Sprüche 23,26

3.8.1941, Kieckow

Gib mir, mein Sohn, dein Herz,
und lass deinen Augen meine Wege wohlgefallen.

Wir sind zusammengekommen, um noch einmal gemeinsam vor Gott an Hans-Friedrich [Vetter der Verlobten Dietrich Bonhoeffers, Maria von Wedemeyer] zu denken, um uns zu besinnen auf das, was Gott an ihm getan hat, um ihm noch einmal in Gedanken auf dem Wege zu folgen, auf dem ihn Gott zu sich geführt und heimgeholt hat, und um schließlich – wenn Gott Gnade gibt – selbst im Glauben gestärkt, im Herzen gefestigt und enger in der Liebe untereinander verbunden wieder in unsere tägliche Arbeit, an unsere irdischen Pflichten gehen zu können.

„Gib mir, mein Sohn, dein Herz, und lass deinen Augen meine Wege wohlgefallen". Vor etwas über 3 Jahren hat Hans-Friedrich am Altar der hiesigen Kirche diesen Konfirmationsspruch bekommen, und wir dürfen heute sein ganzes Leben von der Taufe bis zum Tod unter diesen Spruch stellen, in diesem Spruch zusammengefasst sehen.

Es wird uns angesichts seines Todes noch einmal in ganz neuer Weise wichtig, dass Hans-Friedrich die heilige Taufe empfangen hat. Damals hat Gott seine Hand auf Hans-Friedrichs Leben gelegt. Gott berief das neugeborene Kind zum ewigen Leben, und die ihn zur Taufe trugen, haben Gottes

Ruf im Glauben angenommen und ihr Kind Gott übergeben. „Gib mir, mein Sohn, dein Herz" – was das unmündige Kind nicht verstand, das tat Gott selbst. Er nahm sein Herz, er reinigte es und heiligte es im Sakrament der Taufe, dass es ihm in Ewigkeit gehören und dienen könne. „Mein Sohn" – Gott nahm Hans-Friedrich zum Kind an. Gott wurde sein lieber Vater. Gott räumte dem Kind einen Platz in seinem Vaterhaus ein. Nun war der Grund dieses Lebens für alle Zeiten gelegt und das ewige Ziel aufgerichtet. Das tat Gott in der heiligen Taufe an Hans-Friedrich und an jedem von uns. Lasst uns dankbar dafür werden.

Durch viele Zeugen, besonders durch sein Elternhaus, hat Hans-Friedrich in seiner Kindheit das, was in der Taufe an ihm geschehen war, immer wieder mit den verschiedensten Worten gesagt bekommen. Hans-Friedrich durfte in einem Haus aufwachsen, in dem Gottes Wort das Leben regieren sollte. Er durfte durch Wort und Vorbild erfahren, welche Macht und welche Hilfe der christliche Glaube im Leben ist. Wir sagen dies mit demütigem Dank gegen Gott, der Hans-Friedrich so freundlich geführt hat, und mit der Bitte, Gott wolle diesem Hause nahe bleiben und sein Wort erhalten, und er wolle viele Häuser mit seinem Geist erfüllen zum Segen von Eltern und Kindern.

Dann kamen die Jahre, in denen das, was Gott in das Kind gelegt hatte, zu bewusster Entscheidung drängte. Es kam – durch Gottes Gnade – die für jedes Leben entscheidende Wendung zum bewussten Glauben. Hans-Friedrich wurde ein bewusster Christ. Wir wollen nicht denken, dass ein so junger Mensch nicht ermessen könne, was das bedeutet. Das Wunder des Glaubens schafft sich Gott in Jungen und Alten, und keiner hat darin ein Vorrecht vor dem anderen. In diesen Jahren fügte es Gott, dass Hans-Friedrich mit Vettern und Cousinen in das Haus der Großmutter kam, und Gott schenkte es diesem Hause, dass es für Hans-Friedrich eine entscheidende Hilfe wurde. Gleichzeitig hatte Hans-Friedrich Konfirmandenunterricht zusammen mit einem Vetter und einer Cousine. Bei der Konfirmation wurde ihm der Spruch gesagt, den wir gehört haben: „Gib mir, mein Sohn, dein Herz und lass deinen Augen meine Wege wohlgefallen". Es war wie eine Bitte des allmächtigen Gottes und Vaters an seinen lieben Sohn. „Gib mir dein Herz" – das heißt ja: Gib mir dich selbst, so wie du bist, enthalte mir nichts vor, gib mir alle deine Gedanken, deine Wünsche, deine Seele und deinen Leib, gib mir alles, gib mir dein Herz, denn es gehört Gott. „Mein Sohn", – hatte Gott ihn genannt. Es war nicht mehr das unmündige Kind, sondern es war der heranwachsende junge Mann, der allen Freuden und Gefahren des Lebens entgegenging, und der nun aus freiem Entschluss und willigem Herzen auf diesen Ruf antworten sollte: Ja, mein Vater. Hans-Friedrich hat durch Gottes Gnade Gott sein Herz gegeben. Er hat es aufrichtig gewollt und mit sich darum gekämpft. Es war Gottes Güte, die Hans-Friedrich bald darauf einen Kreis gleichaltriger Jungen schenkte, mit denen er – verbunden durch das Bekenntnis zu Jesus Christus, dem Herrn – gemeinsam um ein rechtes christliches Leben gerungen hat. Hans-Friedrich erfuhr hier die ganze Freude und die große Kraft einer echten christlichen Gemeinschaft. Diesem Kreis hat Hans-Friedrich mit der ganzen Hingabe seines Wesens gedient, und er ist ihm bis zuletzt dankbar und treu verbunden geblieben.

Wir wollen uns dessen bewusst sein, dass es immer ein göttliches Wunder ist, wenn ein Mensch Christ wird, dass es aber ein ganz unvergleichlich großes Wunder ist, wenn heute ein junger Mann bewusster Christ wird. Das heißt ja, dass er Gott über sich erkennt als seinen Schöpfer und Herrn, von dem er alles empfängt und von dem er gänzlich abhängig bleibt, dass er die Gebote Gottes über sich gelten lässt und um Gehorsam gegen sie ringt, dass er weiß, der Vergebung der Sünden bedürftig zu sein und dass er die Macht und die Liebe des Erlösers erkennt. Wenn ein Mensch Christ wird, so heißt das ja, dass er sein Herz, das sich von Natur aus an so viele unwesentliche Dinge hängt, Gott und seinem Erlöser gibt, immer in der Erkenntnis: Ich kann es nicht von mir aus tun, so nimm Du mein Herz selbst hin und halte es fest bei Dir. Hans-Friedrich wurde Christ in einer Zeit, in der es etwas kostete, sich als Christ zu bekennen und als Christ zu leben. Er hat das nicht gescheut. Vielleicht war es ihm sogar ein besonderer Ansporn. „Gib mir, mein Sohn, dein Herz." Der Sohn hat die Stimme seines Vaters erkannt.

Bei alledem blieb Hans-Friedrich dem Leben und der Welt und ihren Freuden und Aufgaben gegenüber aufgeschlossen. Gott hatte ihm offene Augen, ein waches Herz und einen gesunden Verstand für das wirkliche Leben gegeben. Mit innerster Anteilnahme verfolgte er die Gespräche, in denen es um die Geschicke und Zukunft seines Vaterlandes ging. Dann kam der Krieg, und Hans-Friedrich wurde Soldat. Er fasste sein Soldatsein als die Probe auf sein bisheriges Leben auf, als die Bewährung seines Seins vor den Menschen und vor Gott. Er nahm dieses Bestehenkönnen in der Stunde der Bewährung nicht als etwas Selbstverständliches, ihm von Natur Gegebenes, sondern als etwas, das ihm von oben her geschenkt werden müsse, als Gnade. Er hat wohl auch darum gebangt, dass es ihm doch geschenkt werden möchte, und eben das hat ihn stark gemacht. Voller Freude ist er hinausgezogen. „Jedenfalls wird es schön werden", schrieb er kurz vor dem Einsatz. Im schweren Kampf, in tapferster Bewährung hat er die letzte Probe bestanden, hat er sein Leben hingegeben. Er gab es für sein Vaterland im eigentlichsten Sinne des Wortes, für das Land, dem seine Väter mit ihrer Kraft, ihrer Waffe, ihrem Gewissen, ihrem Glauben gedient hatten.

Neben ihm fand man das aufgeschlagene Neue Testament. So hatte nun Gott das letzte Mal zu ihm gesagt: „Gib mir, mein

Sohn, dein Herz". Nun war es letzter Ernst geworden. Gib mir dein Leben. Komm heim, mein Sohn, zu deinem Vater.

> „Ich sprech: ach weh, mein Licht entschwindt,
> Gott spricht: willkommen, liebes Kind,
> ich will dich bei mir haben
> und ewig reichlich laben." (Paul Gerhardt)

Das Bild Hans-Friedrichs bleibt uns gegenwärtig als das Bild eines jungen Christen, der ein tapferer Soldat, ein guter Sohn und Bruder, ein treuer Freund seiner Freunde war. Sein Herz war in diesem Leben bei Gott. So wird es auch in Ewigkeit bei Gott sein.

Wir aber vernehmen nun noch einmal seinen Konfirmationsspruch und lassen ihn uns gelten: „Gib mir, mein Sohn, dein Herz, und lass deinen Augen meine Wege wohlgefallen." Es ist das väterliche Herz Gottes, wie es uns in Jesus Christus offenbar geworden ist, das heute nach unserem Herzen verlangt. Das Herz Gottes, das in Jesus Christus für uns geschlagen, gelitten und geblutet hat, zieht unser Herz an sich. Gib mir dein Herz, gib mir alles, alle deine Gedanken, deine Wünsche, deine zerstörten Hoffnungen, auch alle deine Zweifel. Sei mein Kind. Werde still bei deinem Vater. Gib mir dein Herz, so wird es in Ewigkeit mit Hans-Friedrich verbunden sein. „Lass deinen Augen meine Wege wohlgefallen". Wenn wir es auch nicht verstehen, warum Gott Hans-Friedrich von uns nahm, so wissen wir doch, dass ein Weg, der zu Gott führt, ein guter Weg ist, und so wollen wir uns den Weg, auf dem Gott Hans-Friedrich zu sich geführt hat, wohlgefallen lassen. So wollen wir uns auch die Wege, die Gott uns bisher geführt hat und noch führen wird, wohlgefallen lassen; denn wir wissen es und glauben es fest, dass auch unser Weg nur dort enden kann, wo Hans-Friedrichs Weg zu seinem Ziel und seiner Vollendung kam, bei Gott, dem Vater Jesu Christi. Amen.

Beichtansprache:
Ist der König nicht bei dir?

Micha 4,9

3.12.1938, Groß-Schlönwitz, Sonnabend vor dem 2. Advent

Warum schreist du denn jetzt so laut?
Ist der König nicht bei dir?

Wir wollen uns zum Abendmahlsgang vorbereiten. Vor dem Abendmahl steht die Buße. Keiner kann recht ins Reich der Gnade eintreten, der nicht durch das hauende Schwert der Buße hindurchgegangen ist. Vor dem Mahl des Friedens steht das Schreien des menschlichen Herzens aus Sündenangst und Todesfurcht. Wir kommen nicht um die ernste und gründliche Buße herum. Aber die Buße ist eine gefährliche Sache. Man kann darin umkommen. Wie kommen wir durch das hauende Schwert hindurch zum Reich der Gnade und des Lebens? Dazu will uns unser Text helfen: *Er warnt uns vor der Buße ohne Jesus. Er hilft uns zur Buße mit Jesus.*

„Warum schreist du denn jetzt so laut? Ist der König nicht bei dir?" So spricht Gott, der Herr. Er hört ein Geschrei auf Erden; es kommt von seiner Gemeinde. Es ist ein Geschrei um Hilfe, um Rettung, nicht nur in den äußeren Nöten, die die Gemeinde betroffen haben, sondern auch um Rettung aus den Sünden, aus der Übermacht des Teufels, aus der Verdammnis durch das Gesetz, ein Schreien um Gerechtigkeit, Heiligung, Sieg und Überwindung. Ist das nicht ein rechtes Schreien der Gemeinde? Und doch – wie seltsam – hat Gott keinen Gefallen daran. „Warum schreist du denn jetzt so

laut? Ist der König nicht bei dir?" Es ist das Schreien der
Buße ohne Jesus, das Gott hört und doch nicht hören will;
denn es ist ein Schreien, eine Buße gegen Gott. Euer Herz
schreit, als hätte Gott euch nicht längst geholfen. Euer Herz
schreit, als wäret ihr verlassen. „Ist der König nicht bei dir?"
Nicht alles Schreien gegen die eigne Sünde und Schwachheit
gefällt Gott. Ihr wollt Buße tun, ihr stellt euch unter Gottes heilige Gebote, ihr fangt an euch Vorwürfe zu machen, ja
ihr empört euch gegen die Gewalt der Sünde, die ihr in eurem bisherigen Leben wiederum habt erfahren müssen. Nun
kommen die schweren Selbstanklagen, die Auflehnung gegen das tägliche Versagen. Unsere Trägheit zum Gebet, zum
Gottesdienst, unsere Leichtfertigkeit im Umgang mit Gottes
Namen, die Sünden unserer Meditations- und Gebetszeit,
unser verkehrtes Wesen gegen unsere Eltern, Lehrer und
Oberen, unsere mörderischen und ehebrecherischen Gedanken, unsere unwahrhaftigen und verleumderischen Worte,
unser Herz, das tief voll Begehrungen steckt –, das alles klagt
uns furchtbar an und kränkt uns tief. Warum werden wir so
gar nicht mit uns fertig? Warum werden wir so gar nicht mit
der Sünde fertig? Sind wir denn überhaupt noch Christen?
Sind wir denn bekehrt? Glauben wir überhaupt? Und nun
folgt wiederum einer der zahllosen Anläufe und Anfänge, die
wir in unsrem Leben schon hinter uns haben. Diesmal muss
es gelingen. Es darf nicht so weitergehen. Gott wird helfen,
von heute, von morgen an. Das kann ein lautes Schreien des
Herzens um neues Leben, um Gerechtigkeit und Heiligkeit
sein. Und doch hat Gott an dieser Buße kein Gefallen; denn
es ist eine Buße aus dem eignen trotzigen und verzagten Herzen, aus Stolz und Verzweiflung, aus Unzufriedenheit und
neuen Vorsätzen. Aber: „Ist denn der König nicht bei dir?"
Du willst Buße tun und suchst Hilfe von weither und ver-
gisst, dass der König bei dir ist, dass dir ja längst geholfen ist.
Du tust Buße ohne Jesus; diese Buße aber kann dich nur tie-

fer in Sünde und Not hineintreiben; dem neuen Anfang wird neues Versagen folgen und dein Schreien wird noch lauter und noch gottloser werden. Darum hüte dich vor der Buße ohne Jesus!

Tue Buße mit Jesus! „Ist denn der König nicht bei dir?" Ja, er ist bei dir und mit ihm alle Hilfe, nach der du verlangst. Er hat sie dir gebracht. Schreie nicht so, als sei die Hilfe fern. Sie ist ganz nah, zum Greifen nah. Der König ist bei dir und hat dir alles gebracht und geschenkt, den Frieden und die Gerechtigkeit und die Reinheit und die Wahrheit, das Evangelium! Er hat dir zu alledem ein unermesslich großes Geschenk gemacht, das du bisher meist verachtet hast, er hat dir den Bruder geschenkt, der dir in der Not deiner Sünde helfen und dir vergeben kann in seinem Namen. Gott kannte deine Sünde und dein Verlangen. Er hat es längst erfüllt. Nun sieh Jesus Christus, deinen König, der bei dir ist, an und alles, was er dir gibt. Nun sieh Gottes Handeln und Barmherzigkeit an dir an und „schreie nicht so, als wäre der König nicht bei dir". Und nun tu Buße. Jetzt kannst du dich nicht mehr im Stolz empören gegen deine eigne Sünde, jetzt wirst du nicht mehr aus eigenem Entschluss den neuen Anfang setzen wollen, dem tiefere Rückfälle folgen müssen. Jetzt erkennst du deine Sünde in Demut und ganz still als deine eigne große Schuld, für die dein König gebüßt hat und um derentwillen er jetzt bei dir ist. Jetzt gibst du alle deine Sünde, wirklich alle und mit ihr dein ganzes Herz, dem hin, der allein mit dir und mit deiner Sünde fertig wird. Du wolltest wissen, wie es endlich anders wird mit dir? Wie du endlich mit dir selbst und deiner Sünde fertig wirst. Anders kann es mit dir nur werden, wenn du heute erkennst, dass dein König ja bei dir ist, fertig mit dir und deiner Sünde wird keiner als dein König Jesus Christus. Ihm wollen wir sie bringen, er nimmt sie uns ganz und gar ab und er schenkt den neuen Anfang, den er selbst mit dir gemacht hat, als er zu dir kam. Das war der neue Anfang. Er ist längst gemacht. Glaube mir, Er ist schon längst mit dir auf dem Weg zu seinem Königreich. Amen.

Konfirmationsansprache:
Glauben lernen

Markus 9,24

9.4.1938, Kieckow

Ich glaube, lieber Herr, hilf meinem Unglauben.

Liebe Konfirmanden! Das ist ein sehr nüchternes Wort. Es ist aber gut, dass wir uns von Anfang an daran gewöhnen, über unseren Glauben keine großen Worte zu machen. Er ist auch nicht danach. Gerade weil heute alles darauf ankommt, dass wir *wirklich* Glauben halten, vergeht uns alle Lust zu großen Worten. Ob wir glauben oder nicht, das wird sich zeigen, täglich zeigen; mit Beteuerungen ist da Garnichts geholfen. Ihr wisst ja aus der Passionsgeschichte, wie Petrus zu Jesus sagt: „Und wenn ich mit dir sterben müsste, so will ich dich doch nicht verleugnen!" und die Antwort Jesu: „Ehe der Hahn zweimal kräht, wirst du mich dreimal verleugnen." Und die Geschichte endet: „Und Petrus ging hinaus und weinte bitterlich". Er hatte seinen Herrn verleugnet. Große Beteuerungen, und mögen sie noch so aufrichtig, noch so ernst sein, sind immer der Verleugnung am nächsten. Davor möge euch und uns alle Gott bewahren.

Dieser Konfirmationstag ist ein wichtiger Tag für euch und für uns alle. Es ist nichts Geringes, dass ihr euch heute vor dem allwissenden Gott und vor den Ohren der christlichen Gemeinde zum christlichen Glauben bekennt. Ihr sollt euer Leben lang mit Freude an diesen Tag zurückdenken. Aber eben darum ermahne ich euch heute zur vollen christlichen Nüchternheit. Ihr sollt und dürft an diesem Tage nichts sagen und tun, woran ihr später nur mit Bitterkeit und Reue zurückdenken müsst, weil ihr in einer Stunde innerer Bewegung mehr gesagt und gelobt habt als ein Mensch je sagen kann und darf. Euer Glaube ist noch schwach und unerprobt und ganz im Anfang, darum wenn ihr nachher das Bekenntnis eures Glaubens sprecht, so verlasst euch nicht auf euch selbst und auf all eure guten Vorsätze und auf die Stärke eures Glaubens, sondern verlasst euch allein auf den, zu dem ihr euch bekennt, auf Gott den Vater, auf Jesus Christus und auf den Heiligen Geist und betet in eurem Herzen: Ich glaube, lieber Herr, hilf meinem Unglauben. Wer von uns Erwachsenen wollte und müsste nicht so mitbeten?

Die Konfirmation ist ein ernster Tag. Aber nicht wahr, ihr wisst, dass es noch leicht ist, seinen Glauben zu bekennen in der Kirche, in der Gemeinschaft der Christen, eurer Eltern, Geschwister und Paten, in der ungestörten Feier eines Gottesdienstes. Und wir wollen dankbar sein, dass Gott uns diese Stunde gemeinsamen Bekennens in der Kirche schenkt. Aber ganz ernst, ganz wirklich wird das alles eben doch erst nach der Konfirmation, wenn der Alltag wieder da ist, das tägliche Leben mit all seinen Entscheidungen. Da wird es sich dann zeigen, ob auch der heutige Tag ernst war. Ihr habt euren Glauben nicht ein für alle Mal. Euer Glaube, den ihr heute bekennt von ganzem Herzen, der will morgen und übermorgen, ja, er will täglich neu gewonnen sein. Glauben empfangen wir von Gott immer nur so viel, wie wir für den gegenwärtigen Tag gerade brauchen. Der Glaube ist das *tägliche* Brot, das Gott uns gibt. Ihr kennt die Geschichte vom Manna. Das empfingen die Kinder Israel täglich in der Wüste. Wollten sie es aber aufbewahren auf den nächsten Tag, so war es verfault. So ist es mit allen Gaben Gottes. So ist es auch mit dem Glauben. Entweder wir empfangen ihn täglich neu, oder er wird faul. Ein Tag ist lang genug, um Glauben zu bewahren. Es ist an jedem Morgen ein neuer Kampf durch allen Unglauben, durch allen Kleinglauben, durch alle Unklarheit und Verworrenheit, durch alle Furchtsamkeit und Ungewissheit zum Glauben hindurchzustoßen und ihn Gott abzuringen. Es wird an jedem Morgen eures Lebens dasselbe Gebet stehen: Ich glaube, lieber Herr, hilf meinem Unglauben.

„Ich glaube". Wenn euch die christliche Gemeinde mit dem heutigen Tage als selbstständige Glieder der Kirche anerkennt, so erwartet sie, dass ihr anfangt zu verstehen, dass euer Glaube eure eigene, allereigenste Entscheidung sein muss. Aus dem „Wir glauben" muss nun immer mehr das „Ich glaube" werden.

Der Glaube *ist* eine Entscheidung. Darum kommen wir nicht herum. „Ihr könnt nicht zweien Herren dienen", ihr dient von nun an Gott allein oder ihr dient Gott überhaupt nicht. Ihr habt nun nur noch *einen* Herrn, das ist der Herr der Welt, das ist der Erlöser der Welt, das ist der Neuschöpfer der Welt. Ihm zu dienen ist eure höchste Ehre. Zu diesem Ja zu Gott gehört aber ein ebenso klares Nein. Euer Ja zu Gott fordert euer Nein zu allem Unrecht, zu allem Bösen, zu aller Lüge, zu aller Bedrückung und Vergewaltigung der Schwachen und Armen, zu aller Gottlosigkeit und Verhöhnung des Heiligen. Euer Ja zu Gott fordert ein tapferes Nein zu allem, was euch je daran hindern will, Gott allein zu dienen und sei es euer Beruf, euer Besitz, euer Haus, eure Ehre vor der Welt. Glaube heißt Entscheidung.

Aber *eure* eigenste Entscheidung! Kein Mensch kann sie euch abnehmen. Sie muss aus der Einsamkeit, aus dem Alleinsein des Herzens mit Gott herkommen, sie wird aus heißen Kämpfen gegen den Feind in eurer eigenen Brust geboren werden. Noch seid ihr umgeben von einer Gemeinde, von Häusern, die euch tragen, von Eltern, die für euch beten, von Menschen, die euch helfen, wo sie können. Gott

sei Dank dafür! Aber Gott wird euch in die Einsamkeit führen, mehr und mehr. Er will euch vorbereiten für die großen
Stunden und Entscheidungen eures Lebens, in denen euch
kein Mensch mehr zur Seite stehen kann, in denen nur eines
gilt: Ich glaube, ja ich selbst, ich kann nicht anders, lieber
Herr, hilf meinem Unglauben.

Liebe Konfirmanden, die Kirche erwartet darum von euch,
dass ihr mündig werdet im Umgang mit Gottes Wort und im
Gebet. Euer heutiger Glaube ist ein Anfang, kein Abschluss.
Ihr müsst erst in die Schrift hinein und ins Gebet hinein, ihr
ganz allein und ihr müsst lernen, euch mit der Waffe des Wortes Gottes zu schlagen, wo es nottut. Christliche Gemeinschaft ist eine der größten Gaben, die Gott uns gibt. Aber
Gott *kann* uns dieses Geschenk auch nehmen, wenn es ihm
gefällt, wie er es vielen unserer Brüder heute schon genommen hat. Dann stehen und fallen wir mit unserem eigensten
Glauben. Einmal aber wird jeder von uns in dies Alleinsein
gestellt werden, auch wenn er ihm sein Leben lang aus dem
Weg gegangen ist, in der Stunde des Todes und des Jüngsten
Gerichts. Dann wird Gott dich nicht fragen: Haben deine Eltern geglaubt, sondern hast *du* geglaubt? Gott gebe, dass wir
in der einsamsten Stunde unseres Lebens noch beten können:
Ich glaube, lieber Herr, hilf meinem Unglauben. Dann werden wir selig sein.

„Ich glaube, *lieber Herr* …“ Es ist im Leben nicht immer
leicht, „Lieber Herr“ zu sagen. Aber das muss der Glaube
lernen. Wer möchte nicht manchmal sagen: Ich glaube, harter
Herr, strenger Herr, furchtbarer Herr. Ich unterwerfe mich
dir, ich will schweigen und gehorchen, aber „lieber Herr“ sagen zu lernen, das ist ein neuer schwerer Kampf. Und doch
haben wir erst dann Gott den Vater Jesu Christi gefunden,
wenn wir so sprechen gelernt haben.

Euer Glaube wird in schwere Versuchungen geführt werden. Auch Jesus Christus wurde versucht, mehr als wir alle.

Es werden zuerst Versuchungen an euch herankommen, Gottes Geboten nicht mehr zu gehorchen. Mit großer Gewalt werden sie euch bestürmen. Schön und verlockend, unschuldig und mit dem Schein des Lichtes wird der Satan, der Luzifer, der Lichtträger zu euch kommen. Er wird euch Gottes Gebot verdunkeln und in Zweifel ziehen. Er wird euch die Freude an dem Wege Gottes rauben wollen. Und hat der Böse uns erst zum Wanken gebracht, dann wird er uns unsern ganzen Glauben aus dem Herzen reißen, ihn zertreten und wegwerfen. Das werden schwere Stunden sein in eurem Leben, in denen ihr des Wortes Gottes überdrüssig werden wollt, in denen alles revoltiert, in denen kein Gebet mehr über die Lippen will, das Herz nicht mehr hören will. Das muss alles so kommen, so gewiss euer Glaube lebendig ist. Das muss alles kommen, damit euer Glaube geprüft und gestärkt wird, damit ihr immer größeren Aufgaben und Kämpfen gewachsen seid. Gott arbeitet an uns durch die Versuchungen. Er treibt niemals sein Spiel mit euch, verlasst euch darauf, sondern der Vater will das Herz seiner Kinder festmachen. Darum kommt das alles über euch. Und wenn die Versuchung noch so verwirrend ist, wenn unser Widerstand schon ganz zusammenzubrechen droht, ja und wenn selbst die Niederlage schon da ist, dann dürfen wir und sollen wir mit dem letzten Rest unseres Glaubens rufen: Ich glaube, lieber Herr, hilf meinem Unglauben. Lieber Herr, es ist ja der Vater, der uns so prüft und stärkt. Lieber Herr, es ist ja Jesus Christus, der alle Versuchungen erlitten hat wie wir, doch ohne Sünde, uns zum Vorbild und zur Hilfe. Lieber Herr, es ist ja der Heilige Geist, der uns im Kampf heiligen will.

Euer Glaube wird geprüft werden durch Leid. Ihr wisst noch nicht viel davon. Aber Gott schickt seinen Kindern das Leid gerade dann, wenn sie es am nötigsten brauchen, wenn sie allzu sicher werden auf dieser Erde. Da tritt ein großer Schmerz, ein schwerer Verzicht in unser Leben, ein großer

Verlust, Krankheit, Tod. Unser Unglaube bäumt sich auf. Warum fordert Gott das von mir? Warum hat Gott das zugelassen? Warum, ja warum? Das ist die große Frage des Unglaubens, die unseren Glauben ersticken will. Keiner kommt um diese Not herum. Es ist alles so rätselhaft, so dunkel. In dieser Stunde der Gottverlassenheit dürfen und sollen wir sprechen: Ich glaube, *lieber* Herr, hilf meinem Unglauben. Ja, lieber Herr, auch im Dunkeln. Auch im Zweifel, auch in der Gottverlassenheit. Lieber Herr, du bist ja doch mein lieber Vater, der alle Dinge zu meinem Besten dienen lässt. Lieber Herr Jesus Christus, du hast ja selbst gerufen: Mein Gott, warum hast du mich verlassen. Du wolltest sein, wo ich bin. Nun bist du bei mir. Nun weiß ich, dass du auch in der Stunde meiner Not mich nicht verlässt. Ich glaube, lieber Herr, hilf meinem Unglauben.

Nicht nur Versuchung und Leiden, sondern vor allem Kampf wird euch euer Glaube bringen. Konfirmanden sind heute wie junge Soldaten, die in den Krieg ziehen, in den Krieg Jesu Christi gegen die Götter dieser Welt. Dieser Krieg fordert den Einsatz des ganzen Lebens. Sollte Gott, unser Herr, dieses Einsatzes nicht wert sein? Der Kampf ist schon im Gange und ihr sollt jetzt mit einrücken. Abgötterei und Menschenfurcht stehen allenthalben gegen uns. Aber glaubt nicht, dass hier irgendetwas mit großen Worten geschafft sei. Es ist ein Kampf mit Zittern und Zagen; denn der schwerste Feind steht ja nicht uns gegenüber, sondern in uns selbst. Ihr dürft es wissen, dass gerade die, die mitten in diesem Kampf standen und stehen, es am allertiefsten erfahren haben: Ich glaube, lieber Herr (ja, lieber Herr!), hilf meinem *Unglauben*. Und wenn wir trotz aller Versuchung doch nicht fliehen, sondern stehen und kämpfen, so ist das nicht unser starker Glaube und unser Kampfesmut, unsere Tapferkeit, sondern es ist ganz allein dies, dass wir ja nicht mehr fliehen können, weil Gott uns festhält, dass wir von ihm nicht mehr loskommen. Gott führt den Kampf in uns und gegen uns und durch uns.

„Hilf meinem Unglauben". Gott erhört unser Gebet. Er hat mitten in Versuchung, in Leiden und Kampf eine Freistatt des Friedens geschaffen. Das ist sein Heiliges Abendmahl. Hier ist Vergebung der Sünde, hier ist Überwindung des Todes, hier ist Sieg und Friede. Nicht wir haben ihn erfochten. Gott selbst hat es getan durch Jesus Christus. Sein ist die Gerechtigkeit, Sein ist das Leben, Sein ist der Friede. Wir sind in der Unruhe, und bei Gott ist Ruhe. Wir sind im Streit, bei Gott ist Sieg. Ihr seid zum Abendmahl berufen. Kommt und empfangt im Glauben Vergebung, Leben und Frieden. Es bleibt euch zuletzt in der Welt doch nur dieses: Gottes Wort und Sakrament. Amen.

Abendmahlsansprache:
Zur Siegesfeier geladen

1. Korinther 15,55

26.11.1939, Tychow, Totensonntag

*[Der Tod ist verschlungen in den Sieg. Tod,
wo ist dein Stachel? Hölle, wo ist dein Sieg?]*

Das war ein wunderlicher Krieg,
da Tod und Leben rungen.
Das Leben behielt den *Sieg*, es hat den Tod bezwungen.

Zu einer *Siegesfeier* seid ihr geladen, zu der Feier des größten Sieges, der in der Welt errungen wurde, des Sieges Jesu Christi über den Tod. *Brot und Wein*, Leib und Blut unseres Herrn Jesu Christi sind die *Siegeszeichen*; denn in ihnen ist Jesus heute lebendig gegenwärtig, derselbe, der vor fast 2000 Jahren ans Kreuz geschlagen und ins Grab gelegt wurde. Jesus stand auf vom Tod, er sprengte die Grabesfelsen, Jesus blieb Sieger. Ihr aber sollt heute die *Zeichen seines Sieges empfangen.* Und wenn ihr nachher das gesegnete Brot und den gesegneten Kelch empfangt, so sollt ihr dabei wissen: *So gewiss* ich dieses Brot esse, diesen Wein trinke, *so gewiss ist* Jesus Christus Sieger geblieben über den Tod, so gewiss ist er der lebendige Herr, der mir begegnet.

Wir *sprechen in unserem Leben nicht gern von Siegen.* Es ist ein zu großes Wort für uns. Wir haben in unsrem Leben zu viele Niederlagen erlitten; zu viele schwache Stunden, zu viel grobe Sünden haben den Sieg immer wieder zunichte gemacht. Aber, nicht wahr, *der Geist in uns sehnt* sich nach diesem Wort, nach endlichem Sieg über die Sünde, über die bange Todesfurcht in unserem Leben. Und nun sagt uns Gottes Wort auch nichts von *unserem* Sieg, es verspricht uns nicht, dass von nun an *wir* siegen werden über Sünde und Tod, aber es spricht mit aller Macht davon, dass einer diesen Sieg errungen hat und dass dieser, wenn wir ihn zum Herrn haben, auch über uns den Sieg erringen wird. Nicht wir siegen, aber Jesus siegt.

Das verkündigen und glauben wir heute *gegen alles, was wir um uns herum sehen*, gegen die Gräber unserer Lieben, gegen die sterbende Natur draußen, gegen den Tod, den der Krieg wieder über uns bringt: Wir sehen die Herrschaft des Todes, aber wir verkündigen und glauben den Sieg Jesu Christi über den Tod. Der Tod ist verschlungen in den Sieg. Jesus ist Sieger, Auferstehung der Toten und ewiges Leben.

Es ist wie ein *triumphierendes Spottlied* über Tod und Sünde, das die Heilige Schrift hier singt: Tod, wo ist dein Stachel? Hölle, wo ist dein Sieg? Da blähen sich Tod und Sünde auf, jagen den Menschen Angst ein, als seien sie noch die Herren der Welt. Aber es ist nur Schein. Sie haben ihre Macht längst verloren. Jesus hat sie ihnen genommen. Seitdem braucht kein Mensch mehr, der mit Jesus ist, diese finstern Herren zu fürchten. Der Stachel des Todes, das, womit der Tod uns weh tut, die Sünde, hat keine Gewalt mehr. Die Hölle vermag nichts mehr gegen uns, die wir mit Jesus sind. Sie sind ohnmächtig, sie wüten noch wie ein böser Hund an der Kette, aber sie können uns nichts anhaben; denn Jesus hält sie fest. Er ist der Sieger geblieben.

Aber, so fragen wir, wenn das so ist, *warum sieht es in unserem Leben dann so ganz anders aus*, warum sieht man so wenig von diesem Sieg? Warum herrschen Sünde und Tod so schrecklich über uns? Ja, eben diese Frage ist Gottes Frage an euch: Das alles habe ich für euch getan, und ihr lebt, als sei nichts geschehen! Ihr unterwerft euch der Sünde und der Todesfurcht, als könnte sie euch noch knechten! Warum ist so wenig Sieg in eurem Leben? Weil ihr es nicht glauben wollt, dass Jesus der Sieger ist über Tod und Sünde, über euer Leben. Euer *Unglaube* trägt euch eure Niederlagen ein. Nun aber wird euch heute noch einmal der Sieg Jesu verkündigt im Heiligen Abendmahl, der Sieg über Sünde und Tod auch für dich, wer du auch seist. Fasse es im Glauben, Jesus wird dir heute noch einmal alle deine schweren und vielfachen Sünden vergeben, er wird dich ganz rein und unschuldig machen und von nun an brauchst du nicht mehr zu sündigen, braucht die Sünde nicht mehr über dich zu herrschen. Jesus wird über dich herrschen und er ist stärker als jede Versuchung. Jesus wird in der Stunde der Anfechtung und in der Todesfurcht über dich siegen und du wirst bekennen: Jesus ist Sieger geworden über meine Sünde, über meinen Tod. So oft du von diesem Glauben lässt, wirst du versinken und unterliegen, sündigen und sterben müssen, so oft du diesen Glauben ergreifst, wird Jesus den Sieg behalten.

Am Totensonntag werden wir an den Gräbern unserer Lieben gefragt: Worauf willst auch du einmal sterben? *Glauben wir* an die *Macht des Todes* und der Sünde oder glauben wir an die *Macht Jesu Christi?* Eins von beiden gibt es nur. Als ein Gottesmann des vorigen Jahrhunderts auf dem Sterbebett lag, der in seinem Leben oft den Sieg Jesu Christi gepredigt hatte und wunderbare Dinge in seinem Namen getan hatte, als er in großer Qual und Not lag, da beugte sich sein Sohn an sein Ohr und schrie dem Sterbenden zu: Vater, es wird gesiegt. Wenn über uns dunkle Stunden und wenn die dunkelste Stunde kommt, dann wollen wir die Stimme Jesu Christi hören, die uns ins Ohr ruft: Es wird gesiegt. Der Tod ist verschlungen in den Sieg. Sei getrost. Und Gott gebe, dass wir dann sprechen können: Ich glaube die Vergebung der Sünden, Auferstehung des Fleisches und ein ewiges Leben. In diesem Glauben wollen wir leben und sterben. Dazu hilft uns das Heilige Abendmahl. Amen.

Traupredigt:
Dankbar in allen Dingen

1. Thessalonicher 5,16-18

15.4.1936, Falkensee, für Hilde und Albrecht Schönherr

„Seid allezeit fröhlich. Betet ohne Unterlass.
Seid dankbar in allen Dingen,
denn das ist der Wille Gottes in Christo Jesu an euch"

Dies sei unsere Bitte für euch und dass ihr gehorsam zu diesem Willen „Ja" sagen wollt.

Ihr wollt jetzt auf eigenen Füßen wandeln. Ihr wisst, es bleibt heute ja alles ungewiss in der Zukunft und am morgigen Tag; aber es muss und soll ganz gewiss sein, dass wir uns in einem solchen Augenblick eins wissen mit dem Willen Gottes an uns. Das genügt uns, und das hilft uns durch alles Ungewisse hindurch.

Also mit dem Willen Gottes jetzt euch eins zu machen, dazu seid ihr hier. Ihr wollt in Kurzem sagen, dass ihr füreinander leben wollt, euch einander treu sein wollt, bis der Tod euch scheidet. Dass zwei Menschen ihr Leben gemeinsam führen wollen, das geht ja nur, wenn aus zwei Willen „einer" wird; das geht nicht so zu, dass wir unseren eigenen suchen oder den des anderen. Die einzige Gewissheit, dass euer Wille *ein* Wille werde, liegt nicht an euch, sondern am Willen Gottes. Die einzige Gewissheit für die Festigkeit eurer Ehe liegt nicht bei euch, eurer Liebe, euren Vorsätzen, sondern liegt bei Jesus Christus. Da ganz allein liegt die Gewissheit, da sucht sie! Dort könnt und sollt und werdet ihr eins sein. Und darum müssen wir gerade an solchem Tage, wo die Gedanken ganz um persönliche Dinge kreisen wollen, müssen wir euch sagen: „Trachtet am ersten nach dem Reiche Gottes, dann wird euch solches alles zufallen". Durch ihn wird euch das andere alles mitgeschenkt werden. Trachtet zuerst nach dem Reiche Gottes!

Und Gott sei Dank, dass er uns seinen Willen nicht verbirgt, sondern offenbar werden lässt. Den Willen Jesu Christi an euch lässt er uns offenbar werden in dem Wort, das ihr zuerst gehört habt: „Seid allezeit fröhlich ...".

Ihr werdet fröhlich sein in einer Freude, die ihr einander macht und aneinander habt. Es gibt im Leben nichts, das die Fröhlichkeit größer machen könnte, als mit einem Menschen zusammen zu sein, den man liebt, mit dem man sich eins weiß. Man ist fröhlich, auch fröhlich in den äußeren Sorgen, weil man den anderen hat. Aber es heißt nicht: Seid heute fröhlich und morgen und immer wieder einmal fröhlich, sondern es heißt: Seid *alle* Zeit fröhlich. Also nicht nur, wenn ihr sie voneinander nehmen könnt, sondern auch da, wo sie euch einmal versagt wird, wo die äußeren Schwierigkeiten euch bedrängen und bedrücken.

Wie kann man das sagen ohne zu übertreiben? Man kann es nur sagen und sein, wenn man den ganzen Grund seiner Fröhlichkeit von Gott, aus seinem Willen hernimmt. Seid allezeit fröhlich, denn ihr seid von Gott erlöst, frei geworden von allen Sorgen und Ängsten um die Zukunft und frei geworden von euch selbst. Erlöst seid ihr, und darum seid ihr allezeit fröhlich, denn nun seid ihr allezeit mit Gott und Gott ist mit euch. Wisst, dass ihr erlöste Menschen seid und seid fröhlich!

Albrecht, sei ein fröhlicher Pfarrer! Wer sich eins weiß mit Jesus Christus, weiß, dass er erlöst ist, und wer darum auch so aussieht, der wird seiner Gemeinde eine große Hilfe sein.

Die Menschen werden zu ihm kommen, ihm Last auflegen, die er trage. Also sei allezeit fröhlich in deinem Amt.

Und dir, liebe Hilde, sage ich dazu: Hilf deinem Mann allezeit, fröhlich zu sein. Es ist ein Dienst, den du deinem Mann und der Gemeinde tust. Hilf ihm dazu durch dein Gebet und durch deine Treue. Hilf dadurch, dass du dir deine Arbeit, deine Zeit so einteilst, dass du mit ihm fröhlich sein kannst. Dann werdet ihr verstehen, was Paulus sagt: Alles ist euer, ihr aber seid Christi!

Solche Fröhlichkeit aber kommt nur durch Gebet ohne Unterlass. Es ist kein christliches Haus, wo nicht gebetet wird ohne Unterlass. Du, Albrecht, hast in den letzten Jahren mit viel Mühe gelernt, was dies Beten ohne Unterlass etwa heißen kann, und du hast entdeckt, dass es soviel helfen kann, und du wirst es noch mehr entdecken in deinem künftigen Leben. Und du, liebe Hilde, denke daran, dass dein Mann dies heilige Amt führen soll, und dass er das nur recht kann, wenn du ihm hilfst und wenn du Ehrfurcht hast vor diesem Amt und vor diesem Beten ohne Unterlass.

Betet miteinander jeden Tag, morgens, mittags, abends, um Festigkeit eurer Ehe, um Bestand und um Vergebung eurer Sünde. Und vergebt euch alle Tage selbst in diesem Gebet gegenseitig eure Sünden. Eine Ehe unter der Vergebung sollt ihr führen, betet miteinander treu darum, und betet füreinander.

Dir, liebe Hilde, möchte ich noch besonders sagen: Es gibt in der Geschichte manches, wo die Frau Menschen zurückgewonnen hat für das Evangelium durch die Fürbitte. Und ich möchte es dir ganz besonders ans Herz legen, dass du Fürbitte tust für deinen Mann, deine Familie, alle, die in dein Haus kommen, und alle, mit denen du in Berührung kommst.

Und seid dankbar in allen Dingen. Richtig beten könnt ihr nur, wenn ihr dankbar seid in allen Dingen, wenn ihr einmal in der Stunde des Todes sagen könnt wie Chrysostomus:

„Gott sei Dank für alles!" Seid dankbar nicht nur für euer Glück, sondern auch für alles Rätselhafte in eurem Leben, für Krankheit, Leiden und Verfolgung um des Evangeliums willen. Seid dankbar in allen Dingen! Seid es heute für all das, was ihr bis zu dieser Stunde empfangen habt. Seid dankbar, dass ihr einander habt. Und vor allem seid dankbar, dass ihr das Wort und den Willen Gottes noch habt bis ans Ende. Seid dankbar, dass Ihr einmal am Ende eures Lebens fröhlich sagen könnt: Ja, Gott sei Dank für alles!

Und nun geht hin in großer Freude und Gewissheit, eins geworden, die Augen erhoben zum Kreuz Jesu Christi, allezeit fröhlich, ohne Unterlass betend. Amen.

Traupredigt:
Liebe als Gebot Christi

Johannes 13,34

18.7.1936, Magdeburg, für Annemarie und Bernhard Riemer

[„Ein neu Gebot gebe ich euch, dass ihr euch untereinander liebet, wie ich euch geliebt habe, auf dass auch ihr einander liebhabt"]

Die Liebe als Gebot Jesu Christi ist etwas anderes als die Liebe, die aus dem menschlichen Herzen kommt. Wir dürfen heute auch für diese menschliche Liebe danken. Das ist der Sinn der kirchlichen Trauung, dass euch heute das göttliche Ja zu eurer menschlichen Liebe zueinander verkündigt wird. Gott will die Ordnung der Ehe und segnet die Liebe von Mann und Frau zueinander. Das sollen wir nicht verachten oder für eine geringe Sache ansehen. Es ist etwas unbegreiflich Großes, dass der Schöpfer so zu seinen Geschöpfen Ja sagt, dass er so in ihren Willen einwilligt. Es ist die Güte des Schöpfers, für die wir danken dürfen.

Aber wir wissen auch, dass alles, was aus unserm Herzen kommt, unter einem doppelten Fluch steht: Es ist unbeständig und es ist vergiftet mit Selbstsucht. Dieser Fluch steht auch über den größten und schönsten Wünschen und Vorsätzen unsers Herzens. Durch Unbeständigkeit und Selbstsucht aber wird die Liebe in ihr Gegenteil verkehrt. Sie gerät unter die Macht der Sünde.

Aus dieser Not lässt Gott uns helfen. Er will, dass unsre Liebe ewig, selbstlos und rein sei. „Ein neu Gebot gebe ich euch –", sagt Jesus: Das heißt, wer ihn kennt, der fängt ein neues Leben mit seinem Nächsten an, ein Leben nach dem Gebot Jesu. Jesus spricht zu seinen Jüngern, zu solchen, [die] ihm in ihrem Leben folgen wollen. Wie heißt dieses neue Gebot? „Dass ihr euch untereinander liebt, wie ich euch geliebt habe." Eure Liebe zueinander soll sein wie die Liebe Jesu Christi zu euch. Das ist allerdings etwas Neues.

Die Liebe Jesu Christi zu uns – was ist das? Ist sie uns nur ein Wort oder haben wir sie erfahren? Nur wer sie erfahren hat, kann den andern mit dieser Liebe wieder lieben. Jesu Liebe – das ist die Liebe, die aus der Ewigkeit kommt und auf die Ewigkeit zielt. Sie hängt nicht an zeitlichen Dingen, sondern sie umfasst uns, weil wir ewig sein sollen. Sie lässt sich durch nichts hindern, sie ist Gottes ewige Treue zu uns. Habt ihr die erfahren? Jesu Liebe – das ist die Liebe, die keinen Schmerz, keinen Verzicht, kein Leiden scheut, wenn es dem andern hilft. Es ist die Liebe, mit der er uns allein um unsertwillen geliebt hat, dafür auf Erden den Spott und Hass der Menschen auf sich geladen hat und am Kreuze starb. Jesu Liebe ist Liebe, die das Kreuz auf sich nimmt. Habt ihr die erfahren? Jesu Liebe – das ist die Liebe, die uns gilt, so wie wir sind. Wie eine Mutter ihr Kind liebt, so wie es ist, und es je mehr liebt, je größere Not es ihr bereitet, weil sie weiß, dass es ihre Liebe braucht – so ist die Liebe Jesu zu uns. Er nimmt uns an, wie wir sind. Jesu Liebe – das ist die Liebe, die uns alle Sünde vergibt; die uns unzählige Male verschont mit gerechten Strafen, die unzählige Mal unsere Sünde bedeckt und Gnade vor Recht ergehen lässt. Jesu Liebe – das ist die Liebe, die täglich für uns betet und eintritt. Jesu Liebe, das ist die ewige Liebe Gottes des Vaters zu uns. Haben wir sie nicht oft erfahren?

„Dass ihr euch untereinander liebt, gleichwie ich euch geliebt habe, auf dass auch ihr einander lieb habt." Wollt ihr eine Ehe mit Jesus Christus als seine Nachfolger führen, so liebt einander mit dieser göttlichen Liebe, liebt einander so, dass ihr in Ewigkeit bei Gott miteinander sein könnt, ohne einander zu verklagen. Denkt daran, dass eure Gemeinschaft für die Ewigkeit Gottes berufen ist. Liebt einander so, dass einer um des andern willen keinen Verzicht, kein Leiden scheut, wenn nur dem andern damit gedient ist. Nehmt einander auf, wie ihr seid; rechnet euch eure Fehler nicht vor und denkt daran, dass Gott euch annahm, wie ihr wart. Liebt einander so, dass ihr euch täglich eure Schuld vergebt. Ohne Vergebung könnt ihr nicht als Christen leben (Vaterunser 5. Bitte!). Liebt einander so, dass ihr füreinander betet. Liebt einander nicht nur als Mann und Frau, sondern als Christen. So wird eure Gemeinschaft nicht mit dieser Zeit vergehen, sondern in Ewigkeit bleiben. Amen.

PREDIGTMEDITATIONEN

Alle Herrschaft auf den Schultern des Kindes

Jesaja 9,5-6

Weihnachten 1940

[Uns ist ein Kind geboren, ein Sohn ist uns gegeben, und die Herrschaft ist auf seiner Schulter; und er heißt Wunderbar, Rat, Kraft, Held, Ewig-Vater, Friedefürst; auf dass seine Herrschaft groß werde und des Friedens kein Ende, auf dem Stuhl Davids und in seinem Königreich, dass er's zurichte und stärke mit Gericht und Gerechtigkeit von nun an bis in Ewigkeit. Solches wird tun der Eifer des Herrn Zebaoth.]

Mitten unter unheilvollen Worten und Zeichen, die dem abgefallenen Volk den nahenden Untergang, den göttlichen Zorn und schreckliche Strafen ankündigen 1) die Geburt des Kindes 2) sein Name – unaussprechlich 3) sein Amt.

Mitten in tiefster Schuld und Not des Volkes spricht eine Stimme leise und geheimnisvoll, aber voll seliger Gewissheit von der Erlösung durch die Geburt eines göttlichen Kindes. Noch sind es 700 Jahre bis zur Zeit der Erfüllung, aber so tief ist der Prophet in Gottes Gedanken und Ratschlüsse versenkt, dass er von dem Künftigen spricht, als sähe er es schon, dass er von der rettenden Stunde spricht, als stehe er schon anbetend vor der Krippe Jesu. „Uns ist ein Kind geboren". Was dereinst geschehen wird, das ist in Gottes Augen schon wirklich und gewiss und das wird nicht nur den künftigen Geschlechtern zum Heil, sondern schon dem

Propheten, der es kommen sieht, und seinem Geschlechte, ja allen Geschlechtern auf Erden. „*Uns ist* ein Kind geboren". So kann kein menschlicher Geist aus sich heraus sprechen. Die wir nicht wissen, was im nächsten Jahr geschehen wird, wie sollen wir es begreifen, dass einer über Jahrhunderte hinaussieht? Und die Zeiten waren damals nicht durchsichtiger als heute. Nur der Geist Gottes, der Anfang und Ende der Welt umfasst, kann einem erwählten Menschen das Geheimnis der Zukunft so offenbaren, dass er weissagen muss zur Stärkung der Gläubigen, zur Warnung der Ungläubigen. Diese Stimme des Einzelnen, die leise durch die Jahrhunderte hindurchklingt und zu der sich hier und dort eine andere vereinzelte Stimme eines Propheten gesellt, geht zuletzt ein in die nächtliche Anbetung der Hirten und in den vollen Jubel der christusgläubigen Gemeinde: „Uns ist ein Kind geboren, ein Sohn ist uns gegeben".

Von der Geburt eines Kindes ist die Rede, nicht von der umwälzenden Tat eines starken Mannes, nicht von der kühnen Entdeckung eines Weisen, nicht von dem frommen Werk eines Heiligen. Es geht wirklich über alles Begreifen: Die Geburt eines Kindes soll die große Wendung aller Dinge herbeiführen, soll der ganzen Menschheit Heil und Erlösung bringen. Worum sich Könige und Staatsmänner, Philosophen und Künstler, Religionsstifter und Sittenlehrer vergeblich bemühen, das geschieht nun durch ein neugeborenes Kind. Wie zur Beschämung der gewaltigsten menschlichen Anstrengungen und Leistungen wird hier ein Kind in den Mittelpunkt der Weltgeschichte gestellt. Ein Kind, von Menschen geboren, ein Sohn, von Gott gegeben. Das ist das Geheimnis der Erlösung der Welt, alles Vergangene und alles Zukünftige ist hier umschlossen. Die unendliche Barmherzigkeit des allmächtigen Gottes kommt zu uns, lässt sich zu uns herab in der Gestalt eines Kindes, seines Sohnes. Dass *uns* dieses Kind geboren, dieser Sohn gegeben ist, dass *mir* dieses Menschenkind, dieser Gottessohn zugehört, dass ich ihn kenne, ihn habe, ihn liebe, dass ich sein bin und er mein ist, daran allein hängt nun mein Leben. Ein Kind hat unser Leben in der Hand.

Wie wollen wir diesem Kinde begegnen? Sind unsere Hände durch die tägliche Arbeit, die sie vollbrachten, zu hart und zu stolz geworden, um sich beim Anblick dieses Kindes anbetend zu falten? Tragen wir unseren Kopf, der so viele schwere Gedanken hat denken, Probleme hat lösen müssen, zu hoch, als dass wir ihn vor dem Wunder dieses Kindes noch demütig beugen könnten? Können wir alle unsere Anstrengungen, Leistungen, Wichtigkeiten noch einmal ganz vergessen, um mit den Schafhirten und mit den Weisen aus dem Morgenland vor dem göttlichen Kind in der Krippe kindlich anzubeten; um mit dem alten Simeon das Kind in die Arme zu nehmen und in diesem Augenblick die Erfüllung unseres ganzen Lebens dankbar zu erkennen? Es ist wahrhaftig ein seltsamer Anblick, wenn ein starker stolzer Mann seine Knie vor diesem Kind beugt, wenn er einfältigen Herzens in ihm seinen Heiland findet und verehrt, und es muss wohl ein Kopfschütteln, ja vielleicht sogar ein böses Lachen durch unsere alte, kluge, erfahrene, selbstgewisse Welt gehen, wenn sie den Heilsruf der gläubigen Christen vernimmt: „Uns ist ein Kind geboren, ein Sohn ist uns gegeben".

„Und die Herrschaft ist auf seiner Schulter". Auf den schwachen Schultern dieses neugeborenen Kindes soll die Herrschaft über die Welt liegen! Eines wissen wir: Diese Schultern werden jedenfalls die ganze Last der Welt zu tragen bekommen. Mit dem Kreuz wird alle Sünde und Not dieser Welt auf diese Schultern geladen werden. Die Herrschaft aber wird darin bestehen, dass der Träger unter der Last nicht zusammenbricht, sondern sie ans Ziel bringt. Die Herrschaft, die auf den Schultern des Kindes in der Krippe liegt, besteht im geduldigen Tragen der Menschen und ihrer

Schuld. Dieses Tragen aber fängt in der Krippe an, fängt dort an, wo das ewige Wort Gottes das menschliche Fleisch annahm und trug. Gerade in der Niedrigkeit und Schwachheit des Kindes nimmt die Herrschaft über alle Welt ihren Anfang. Als Zeichen der Herrschaft über das Haus pflegte man dem Hausherrn die Schlüssel über die Schulter zu hängen. Das bedeutete, dass er die Macht hat, auf- und zuzuschließen, einzulassen und abzuweisen, wen er will. Das ist auch die Weise der Herrschaft dessen, der das Kreuz auf seinen Schultern trug. Er schließt auf, indem er Sünde vergibt, und er schließt zu, indem er den Stolzen verstößt. Das ist die Herrschaft dieses Kindes, dass es die Demütigen, Geringen, die Sünder annimmt und trägt, dass es aber die Stolzen, Hoffärtigen, die Gerechten zunichtemacht und verwirft.

Wer ist dieses Kind, von dem Propheten weissagen und über dessen Geburt Himmel und Erde jauchzen? Nur stammelnd kann man seinen Namen aussprechen, kann man zu umschreiben versuchen, was in diesem Namen umschlossen ist. Worte häufen und überstürzen sich, wenn sie sagen sollen, wer dieses Kind sei. Ja, seltsame Wortgebilde, die wir sonst nicht kennen, entstehen, wo der Name dieses Kindes über menschliche Lippen gebracht werden soll: „Wunder-Rat", „Gott-Kraft", „Ewig-Vater", „Friede-Fürst". Jedes einzelne dieser Worte von einer unendlichen Tiefe und alle zusammen versuchen nur einen einzigen Namen auszusprechen: Jesus.

„Wunder-Rat" – heißt dieses Kind. In ihm ist das Wunder aller Wunder geschehen, aus Gottes ewigem Rat ging die Geburt des Heilandkindes hervor. In der Gestalt eines Menschenkindes gab Gott uns seinen Sohn, Gott ward Mensch, das Wort ward Fleisch. Das ist das Wunder der Liebe Gottes zu uns und es ist der unergründliche weise Rat, dass diese Liebe uns gewinnt und rettet. Weil aber dieses Kind Gottes eigener Wunder-Rat ist, darum ist es auch selbst eine Quelle aller Wunder und alles Rates. Wer in Jesus das Wunder des Sohnes Gottes erkennt, dem wird jedes seiner Worte und jede Tat zum Wunder, der findet bei ihm in allen Nöten und Fragen letzten, tiefsten, hilfreichsten Rat. Ja, bevor das Kind seine Lippen auftun kann, ist es voller Wunder und voller Rat. Geh zum Kind in der Krippe, glaube in ihm den Sohn Gottes und du findest in ihm Wunder über Wunder, Rat über Rat.

„Gott-Kraft" – heißt dieses Kind. Das Kind in der Krippe ist kein anderer als Gott selbst. Größeres kann nicht gesagt werden: Gott wurde ein Kind. In dem Jesuskind der Maria wohnt der allmächtige Gott. Halt einen Augenblick inne! Sprich nicht, denk nicht weiter! Bleib stehen vor diesem Wort! Gott ist ein Kind geworden! Hier ist es arm wie wir, elend und hilflos wie wir, ein Mensch von Fleisch und Blut wie wir, unser Bruder. Und doch ist es Gott, doch ist es Kraft. Wo ist die Gottheit, wo ist die Kraft dieses Kindes? In der göttlichen Liebe, in der es uns gleich wurde. Sein Elend in der Krippe ist seine Kraft. In der Kraft der Liebe überwindet es die Kluft zwischen Gott und den Menschen, überwindet es Sünde und Tod, vergibt es Sünde und erweckt vom Tode. Knie nieder vor dieser armseligen Krippe, vor diesem Kind armer Leute und sprich im Glauben die stammelnden Worte des Propheten nach: „Gott-Kraft"! – und er wird dein Gott und deine Kraft sein.

„Ewig-Vater" – wie kann dies der Name des Kindes sein? Nur so, dass sich in diesem Kinde die ewige väterliche Liebe Gottes offenbart und dass das Kind nichts anderes will, als die Liebe des Vaters auf die Erde bringen. So ist der Sohn mit dem Vater eins und wer den Sohn sieht, der sieht den Vater. Dieses Kind will nichts für sich sein, kein Wunderkind im menschlichen Sinne, sondern ein gehorsames Kind seines himmlischen Vaters. In der Zeit geboren, bringt es die Ewigkeit mit sich auf Erden, als Sohn Gottes bringt es uns allen die Liebe des Vaters im Himmel. Geh hin, suche und finde an der Krippe den himmlischen Vater, der hier auch dein lieber Vater geworden ist.

„Friede-Fürst" – wo Gott in Liebe zu den Menschen kommt, sich mit ihnen vereint, dort ist Friede geschlossen zwischen Gott und Mensch und zwischen Mensch und Mensch. Fürchtest du dich vor Gottes Zorn, so geh zum Kind in der Krippe und lass dir hier den Frieden Gottes schenken. Bist du in Streit und Hass mit deinem Bruder zerfallen, komm und sieh, wie Gott aus lauter Liebe unser Bruder geworden ist und uns miteinander versöhnen will. In der Welt herrscht die Gewalt, dieses Kind ist der Fürst des Friedens. Wo es ist, dort herrscht Friede.

„Wunder-Rat, Gott-Kraft, Ewig-Vater, Friede-Fürst" – so sprechen wir an der Krippe von Bethlehem, so überstürzen sich unsere Worte beim Anblick des göttlichen Kindes, so versuchen wir in Begriffe zu fassen, was für uns in dem einen Namen beschlossen liegt: Jesus. Diese Worte aber sind ja im Grunde nichts anderes als ein wortloses Schweigen der Anbetung vor dem Unaussprechlichen, der Gegenwart Gottes in der Gestalt eines Menschenkindes.

Von der Geburt und dem Namen des göttlichen Kindes haben wir gehört. Nun hören wir zuletzt noch von seinem Reich.

Vers 6. Groß wird die Herrschaft dieses armen Kindes sein. Die ganze Erde wird sie umfassen und alle Menschengeschlechter bis ans Ende der Zeiten werden ihr, wissentlich oder unwissentlich, dienen müssen. Es wird eine Herrschaft über die Herzen der Menschen sein, aber auch Throne und große Reiche werden an dieser Macht sich stärken oder zerbrechen. Die heimliche unsichtbare Herrschaft des göttlichen Kindes über die Menschenherzen ist fester gegründet als die sichtbare und glänzende Macht irdischer Herren. Zuletzt muss alle Herrschaft auf Erden allein der Herrschaft

Jesu Christi über die Menschen dienen. Durch alle Feindschaft hindurch wird diese Herrschaft immer nur größer und gefestigter werden.

Mit der Geburt Jesu ist das große Friedensreich angebrochen. Ist es nicht ein Wunder, dass dort, wo Jesus wirklich Herr über die Menschen geworden ist, auch Friede herrscht? Dass es eine Christenheit gibt auf der ganzen Erde, in der es mitten in der Welt Friede gibt? Nur wo man Jesus nicht herrschen lässt, wo menschlicher Eigensinn, Trotz, Hass und Begehrlichkeit sich ungebrochen ausleben dürfen, dort kann kein Friede sein. Nicht durch Gewalt will Jesus sein Friedensreich aufrichten, sondern wo Menschen sich willig ihm unterwerfen, ihn über sich herrschen lassen, dort schenkt er ihnen seinen wunderbaren Frieden. Wenn heute wieder christliche Völker zerrissen sind in Krieg und Hass, ja wenn selbst die christlichen Kirchen nicht zueinanderfinden, dann ist das nicht die Schuld Jesu Christi, sondern die Schuld der Menschen, die Jesus Christus nicht herrschen lassen wollen. Dadurch fällt aber die Verheißung nicht hin, dass „des Friedens kein Ende" sein wird, wo das göttliche Kind über uns herrscht.

„Auf dem Throne Davids und in seinem Königreich" herrscht Jesus Christus. Es ist kein weltlicher Thron und kein weltliches Reich mehr, wie es einst war, sondern ein geistlicher Thron und ein geistliches Reich. Wo ist Thron und Reich Jesu? Dort wo er mit seinem Wort und seinem Sakrament gegenwärtig ist, herrscht und regiert, in der Kirche, in der Gemeinde.

„Mit Gericht und Gerechtigkeit" regiert Jesus in seinem Reich. An der Gemeinde der Gläubigen geht sein Gericht nicht vorüber, nein an ihr gerade übt er sein strengstes Gericht und sie erweist sich als seine Gemeinde, indem sie sich diesem Gericht nicht entzieht, sondern beugt. Nur wo Jesus die Sünde richtet, kann er neue Gerechtigkeit schenken. Ein

Reich der Gerechtigkeit soll sein Reich sein, aber nicht der Selbstgerechtigkeit, sondern der göttlichen Gerechtigkeit, die nur durch das Gericht über die Sünde aufgerichtet werden kann. Es wird die Stärke dieses Reiches sein, dass es auf Gericht und Gerechtigkeit beruht. Es wird die Dauer dieses Reiches sein, dass Unrecht in ihm nicht ungestraft bleibt.

Ein Reich des Friedens und der Gerechtigkeit, unerfüllte Sehnsucht der Menschen, ist mit der Geburt des göttlichen Kindes angebrochen. Wir sind zu diesem Reich berufen. Wir können es finden, wenn wir in der Kirche, in der Gemeinde der Gläubigen Wort und Sakrament des Herrn Jesus Christus annehmen, uns seiner Herrschaft unterwerfen, wenn wir in dem Kind in der Krippe unseren Heiland und Erretter erkennen und uns ein neues Leben in der Liebe von ihm schenken lassen. „Von nun an" – das heißt von der Geburt Jesu an – „bis in Ewigkeit" wird dieses Reich dauern. Wer bürgt dafür, dass es nicht unter den Stürmen der Weltgeschichte zerschmettert wird und zugrunde geht, wie alle anderen Reiche auch?

„Solches wird tun der Eifer des Herrn Zebaoth". Der heilige Eifer Gottes um sein Reich bürgt dafür, dass dieses Reich in Ewigkeit bleibt und zu seiner letzten Vollendung kommt, aller menschlichen Schuld, allem Widerstand zum Trotz. Ob wir dabei sind oder nicht, darauf wird es nicht ankommen. Gott führt seinen Plan zum Ziel mit uns oder gegen uns. Aber er will, dass wir mit ihm seien. Nicht um seinetwillen, sondern um unsertwillen. Gott mit uns – Immanuel-Jesus – das ist das Geheimnis dieser Heiligen Nacht. Wir aber jubeln: „Uns ist ein Kind gegeben, ein Sohn ist uns geboren". Ich glaube, dass Jesus Christus, wahrhaftiger Mensch von der Jungfrau Maria geboren und auch wahrhaftiger Gott, vom Vater in Ewigkeit geboren, sei mein Herr.

Das Kreuz über der Krippe

Matthäus 2,13-23

Lesepredigt für den Sonntag nach Neujahr 1940

Lied: Hilf, Herr Jesu, lass gelingen.

[Da sie aber hinweggezogen waren, siehe, da erschien der Engel des Herrn dem Joseph im Traum und sprach: Stehe auf und nimm das Kindlein und seine Mutter zu dir und flieh nach Ägyptenland und bleib allda, bis ich dir sage; denn es ist vorhanden, dass Herodes das Kindlein suche, dasselbe umzubringen. Und er stand auf und nahm das Kindlein und seine Mutter zu sich bei der Nacht und entwich nach Ägyptenland. Und blieb allda bis nach dem Tod des Herodes, auf dass erfüllet würde, was der Herr durch den Propheten gesagt hat, der da spricht: „Aus Ägypten habe ich meinen Sohn gerufen." Da Herodes nun sah, dass er von den Weisen betrogen war, ward er sehr zornig und schickte aus und ließ alle Kinder zu Bethlehem töten und an seinen ganzen Grenzen, die da zweijährig und darunter waren, nach der Zeit, die er mit Fleiß von den Weisen erlernt hatte. Da ist erfüllt, was gesagt ist von dem Propheten Jeremia, der da spricht: „Auf dem Gebirge hat man ein Geschrei gehört, viel Klagens, Weinens und Heulens; Rahel beweinte ihre Kinder und wollte sich nicht trösten lassen, denn es war aus mit ihnen." Da aber Herodes gestorben war, siehe, da erschien der Engel des Herrn dem Joseph im Traum in Ägyptenland und sprach: Stehe auf und nimm das Kindlein und seine Mutter zu dir und zieh hin in das Land Israel; sie sind gestorben, die dem Kinde nach dem

Leben standen. Und er stand auf und nahm das Kindlein und seine Mutter zu sich und kam in das Land Israel. Da er aber hörte, dass Archelaus im jüdischen Lande König war anstatt seines Vaters Herodes, fürchtete er sich, dahin zu kommen. Und im Traum empfing er Befehl von Gott und zog in die Örter des galiläischen Landes und kam und wohnte in der Stadt, die da heißt Nazareth; auf dass erfüllet würde, was da gesagt ist durch die Propheten: Er soll Nazarenus heißen.]

Liebe Gemeinde! Es ist uns gewiss beim Lesen dieser Geschichten von der Flucht nach Ägypten, vom bethlehemitischen Kindermord und von der Rückkehr der Heiligen Familie nach Nazareth aufgefallen, dass jedes Mal am Ende dieser Geschichten ein Wort aus dem Alten Testament steht und dass dieses Wort jedes Mal eingeleitet wird mit dem kurzen Satz: „auf dass erfüllet würde, was gesagt ist." Wir haben wohl oft darüber hinweggelesen und gemeint, das sei nur so eine nebensächliche Formel. Damit übersehen wir aber etwas besonders Wichtiges und Schönes an unserem Text. „Auf dass erfüllt würde" – das heißt ja, es kann Jesus nichts geschehen, als was Gott selbst vorher beschlossen hat, es kann auch uns, wenn wir mit Jesus sind, nichts geschehen, als was Gott selbst mit uns vorhat und uns verheißen hat. Da mögen allerlei menschliche Gedanken, Pläne und Irrtümer mithineinwirken, da mag selbst ein mörderischer Herodes seine grausamen Hände im Spiel haben, es muss zuletzt doch alles gehen, wie Gott es zuvor gesehen, gewollt und gesagt hat. Gott gibt das Regiment nicht aus der Hand. Das ist ein starker Trost: Gott erfüllt nur, was Gott selbst verheißen hat. Wer die Heilige Schrift in der Hand und im Herzen hat, der findet in ihr immer neue Bestätigung dieses Trostes.

Die Weisen aus dem Morgenlande hatten Jesus angebetet und ihm kostbare Gaben gebracht. Gibt es nun einen erschreckenderen Gegensatz, als wenn es noch im selben Satz heißt, dass der König der Juden, Herodes, nach dem Kinde sucht, um es umzubringen? Herodes, der auf dem Thron Davids sitzt, König und zugleich Tyrann über das Volk Gottes, Herodes, der die Geschichte, Verheißung und Hoffnung dieses Volkes kennt, sinnt auf Mord, als er hört, dass Gott seine Verheißungen wahrmachen und seinem Volk den König der Gerechtigkeit, der Wahrheit und des Friedens schenken will. Der mächtige, schon oft mit Blut befleckte, brutale Herrscher sucht das ohnmächtige unschuldige Kind zu töten, weil er sich vor ihm fürchtet. Alle irdischen Machtmittel sind auf der Seite des Herodes. Aber Gott ist auf der Seite des Kindes.

Und Gott hat andere Mittel als Herodes. Er sendet dem Joseph im Traum seinen Engel und befiehlt ihm, nach Ägypten zu fliehen, wo die Macht des Herodes ihre Grenze hat. Geheimnisvoll wie Gott selbst sind seine Mittel. Es fehlt ihm nicht an unsichtbaren Kräften und Dienern, durch die er die Seinen seine Wege wissen lassen kann. Zwar hat er uns sein Wort gegeben und uns in ihm seinen ganzen Willen offenbart. Aber in besonderer Stunde hilft er uns auch auf besondere Weise, damit wir den rechten Weg nicht verfehlen. Wer hätte solche besondere Hilfe und Führung Gottes nicht erfahren? Des Nachts im Traum befiehlt Gott dem Joseph die Flucht nach Ägypten; und ohne einen Augenblick zu zögern, gehorcht Joseph der göttlichen Weisung und bricht mit dem Kinde und seiner Mutter – in dieser Reihenfolge nennt unsere Geschichte zweimal Jesus und Maria! – auf, um zu fliehen. Soll Gottes Wort an uns in Erfüllung gehen, so müssen wir ihm gehorsam sein und, wenn es sein muss, des Nachts aufstehen, um seinen Willen zu tun. So tat Joseph.

Das Jesuskind muss mit seinen Eltern fliehen. Hätte Gott es nicht auch in Bethlehem vor Herodes behüten können? Gewiss, aber nicht danach haben wir zu fragen, was Gott alles wollen und tun könnte, sondern was er wirklich will. Gott will, dass Jesus nach Ägypten flieht, er zeigt damit, dass der Weg Jesu gleich von Anfang an ein Weg der Verfolgung ist, aber er zeigt auch, dass er Jesus behüten kann und dass Jesus nichts zustoßen wird, solange es Gott nicht zulässt. Jesus lebt nun in Ägypten, dort, wo sein Volk einst in Knechtschaft und Not hatte leben müssen. Der König soll nun sein, wo sein Volk war. Er soll die Geschichte seines Volkes am eigenen Leibe durchleben. In Ägypten litt Israel Not, in Ägypten fing die Not Jesu an, in Ägypten mussten Gottes Volk und sein König in der Fremde, im Elend leben. Aus Ägypten aber führte Gott sein Volk ins Gelobte Land, und aus Ägypten rief Gott seinen Sohn zurück in das Land Israel. Was einst der Prophet im Blick auf das Volk Israel gesagt hatte, das erfüllt sich nun an Jesus: „Aus Ägypten habe ich meinen Sohn gerufen." Die Flucht nach Ägypten war kein blinder Zufall, sondern göttliche Verheißung und Erfüllung. In Ägypten wurde Jesus ganz eins mit den Leiden und den Freuden seines Volkes, des Volkes Gottes, unser aller. In Ägypten ist er mit uns in der Fremde, mit ihm werden wir auch aus der Fremde ausziehen in das Land Gottes. Der Zorn des Herodes war groß geworden, als die Weisen aus dem Morgenlande auf Gottes Befehl nicht wieder durch Jerusalem zurückzogen, um ihm zu melden, wo er Jesus finden könnte. In maßloser Angst und Eifersucht befiehlt er jetzt den Mord aller Kinder Bethlehems unter drei Jahren. Hierin sieht er den einzig sicheren Weg, das göttliche Kind zu treffen. Aber so klug und grausam sein Schlag ist, er verfehlt sein Ziel. Herodes will Christus beseitigen, aber Christus lebt, und an seiner Stelle und für ihn fallen die ersten Blutzeugen. Die unschuldigen Kinder von Bethlehem schützen das Leben ihres gleichaltrigen Königs und Herrn. Sie werden die ersten Märtyrer der Christenheit, die sterbenden Zeugen für das Leben Jesu Christi, ihres Heilandes. Alle Verfolgung hat die endgültige Beseitigung Jesu Christi zum Ziel, sie will den Christusmord, aber sie kann doch Christus keinen Schaden tun. Christus lebt und mit ihm leben die Blutzeugen aller Zeiten.

Großes Leid, Geschrei, Klagen, Weinen und Heulen kommt über die Menschen, wenn der Herr Jesus Christus verfolgt wird, wie es über ganz Bethlehem kam, als die unschuldigen Kinder sterben mussten. Immer wieder sind Tränen geflossen, wenn das Volk Gottes in Not und Bedrängnis kam. Dann war es, als stünde die Mutter Rahel, die Mutter des Volkes Israel, aus ihrem Grabe, das nahe bei Bethlehem lag, auf und weinte über das Leid aller ihrer Kinder. So hatte es einst der Prophet Jeremia geschaut in der letzten Stunde vor dem Untergang Jerusalems. Jetzt aber, als Bethlehems Mütter um ihre Kinder weinten, die für Jesus Christus gestorben waren, war das Prophetenwort erst ganz in Erfüllung gegangen: „Auf dem Gebirge hat man ein Geschrei gehört, viel Klagens, Weinens und Heulens. Rahel beweinte ihre Kinder und wollte sich nicht trösten lassen, denn es war aus mit ihnen." Die Klage um die Blutzeugen Jesu Christi hebt an, und sie wird nicht mehr verstummen bis ans Ende der Zeit. Es ist die Klage über die gottentfremdete, christusfeindliche Welt, über das Blut der Unschuldigen, über die eigene Schuld und Sünde, um derentwillen Jesus Christus selbst ins Leiden kam. Aber mitten in dieser untröstlichen Klage gibt es einen großen Trost: Jesus Christus lebt, und wir werden mit ihm leben, wenn wir mit ihm leiden.

Der Kindermord zu Bethlehem, so gottlos und grauenvoll er war, musste zuletzt doch wieder Gott dienen, der seine Verheißung zur Erfüllung bringt. Leid und Tränen kommen über Gottes Volk, aber sie sind Gott kostbar, denn sie sind um Christi willen dargebracht, und Christus nimmt sich ihrer in Ewigkeit an.

Von Tag zu Tag, von Jahr zu Jahr wartet Joseph in Ägypten auf den göttlichen Befehl zur Heimkehr. Joseph will nicht aus eigenen Entschlüssen handeln. Joseph wartet auf Gottes

Weisung. Da schickt Gott dem Joseph des Nachts im Traum abermals den Befehl, aufzustehen und heimzukehren mit dem Kind und seiner Mutter. „Sie sind gestorben, die dem Kind nach dem Leben standen." Der mächtige Herodes ist tot, ohne sein Ziel erreicht zu haben, Jesus aber lebt. So ist es allemal in der Geschichte der Kirche gegangen. Zuerst Not, Verfolgung, Todesgefahr für die Kinder Gottes, für die Jünger Jesu Christi, dann aber kam die Stunde, da es hieß: „Sie sind gestorben." Nero ist gestorben, Diokletian ist gestorben, die Feinde Luthers und der Reformation sind gestorben, aber Jesus lebt, und mit ihm leben die Seinen. Verfolgungszeit nimmt plötzlich ein Ende, und es stellt sich heraus: Jesus lebt.

Das Kind Jesus kehrt ins Land Israel zurück, von Gott gerufen. Jesus kommt, um sein Reich einzunehmen, seinen Thron zu besteigen. Joseph will Jesus zuerst nach Judäa bringen, von wo der König Israels erwartet wird. Aber eine besondere göttliche Weisung hindert ihn daran und befiehlt ihm, nach Nazareth zu gehen. Nazareth ist für das Ohr des Israeliten ein Ort mit einem schlechten und geringen Klang. „Was soll aus Nazareth Gutes kommen?" Dennoch oder eigentlich gerade darum soll Jesus in Nazareth aufwachsen, „auf dass erfüllt wird, was gesagt ist durch die Propheten: Er soll Nazarenus heißen." Diese Weissagung scheint schwer verständlich, zumal wir sie in dieser Form nirgends finden. Aber wir müssen lernen, genau auf den biblischen Text zu achten. Es heißt hier nicht, dass ein einzelner Prophet, sondern dass *die* Propheten diese Weissagung enthalten. Dabei ist gewiss daran gedacht, dass immer wieder im Alten Testament verheißen war, dass der zukünftige König in Niedrigkeit und Unansehnlichkeit erscheinen werde. Freilich steht hier noch nichts von Nazareth. Diese Beziehung findet der Evangelist aber an jener bekannten Stelle des Jesaja, in der es heißt, dass aus der Wurzel Isais ein Zweig, ein Schössling, ein unansehnliches Reis entspringen werde und dass dieser schwache, geringe, aus dem Wurzelstumpf ausschlagende Zweig der Messias Israels sein werde. Das hebräische Wort für Zweig aber heißt „nezer", dies aber sind gerade die Stammlaute für den Ortsnamen Nazareth. So tief verborgen also findet das Evangelium die Verheißung im Alten Testament, dass Jesus arm, verachtet und gering sein werde. In dem für Joseph und alle Welt so schwer begreiflichen Weg nach dem armseligen Nazareth erfüllt sich also abermals Gottes Weg mit dem Heiland aller Welt. In tiefster Armut, Verborgenheit und Niedrigkeit soll er leben, das Leben der Unangesehenen, Verachteten soll er teilen, damit er das Elend aller Menschen tragen und ihr Heiland werden könne.

Wir haben aus unserer Geschichte gelernt, wie Gott drei große Verheißungen an dem Kinde Jesus in Erfüllung gehen lässt: Jesus erfährt die Geschichte des Volkes Gottes am eigenen Leibe; er bringt über die Menschen, die zu ihm gehören, nicht nur Freude, sondern auch Leiden und Tod um seinetwillen; er lebt in Verborgenheit und Niedrigkeit, um ein Helfer aller Menschen zu werden. Alles dies aber geschieht nach der Verheißung Gottes. Es ist die Erfüllung der Ratschlüsse Gottes zum Heil der Welt.

Wir gehen in ein neues Jahr, viel menschliche Pläne und Fehler, viel Feindschaft und Not werden unseren Weg bestimmen. Solange wir aber bei Jesus bleiben und mit ihm gehen, dürfen wir gewiss sein, dass auch uns nichts widerfahren kann, als was Gott zuvor ersehen, gewollt und verheißen hat. Es ist der Trost eines Lebens, das mit Jesus gelebt wird, dass es auch über ihm heißen muss: Es wurde erfüllt, was der Herr gesagt hat. Amen.

Gebet: Wir preisen dich, Herr, dass du alle Dinge in deiner Hand hast und alles so herrlich regierst. Du führst die Deinen um Christi willen durch alle Bedrängnis und Feindschaft sicher nach deinem Rat. Leite auch im neuen Jahr deine Ge-

meinde und alle ihre Glieder auf rechter Straße um deines
Namens willen. Amen.

Lied: Von Gott will ich nicht lassen.

Der gute Hirte und seine Gemeinde

Johannes 10,11-16

Misericordias Domini 1940

[Ich bin gekommen, dass sie das Leben und volle Genüge haben sollen. Ich bin der gute Hirte. Der gute Hirte lässt sein Leben für die Schafe. Der Mietling aber, der nicht Hirte ist, des die Schafe nicht eigen sind, sieht den Wolf kommen und verlässt die Schafe und flieht; und der Wolf erhascht und zerstreut die Schafe. Der Mietling aber flieht; denn er ist ein Mietling und achtet der Schafe nicht. Ich bin der gute Hirte und erkenne die Meinen und bin bekannt den Meinen, wie mich mein Vater kennet und ich kenne den Vater. Und ich lasse mein Leben für die Schafe. Und ich habe noch andere Schafe, die sind nicht aus diesem Stalle; und dieselben muss ich herführen, und sie werden meine Stimme hören, und wird eine Herde und ein Hirte werden.]

1. Vers 12-13. Jesus, der gute Hirte – das hat mit allgemeinen Hirtenidyllen und Schäferpoesie nichts zu tun. Alles Derartige verdirbt den Text. Ego eimi – „Ich bin" – damit wird deutlich, dass nicht von Hirten und ihrer Arbeit im Allgemeinen die Rede sein soll, sondern von Jesus Christus allein. Ich bin *der* gute Hirte – nicht *ein* guter Hirte, sodass Jesus sich mit andern guten Hirten vergliche und von ihnen lernte, was ein guter Hirte sei (vgl. im Urtext den doppelten Artikel: *der* Hirte, *der* gute!). Was ein guter Hirte ist, das ist zu erfahren allein von *dem* guten Hirten, neben dem es keinen andern gibt, von dem „Ich" her, von Jesus her.

Alles übrige Hirtenamt in der Kirche Jesu Christi setzt nicht neben *den* guten Hirten einen zweiten und dritten, sondern lässt allein Jesus den guten Hirten der Gemeinde sein. Er ist der „Erzhirte" (1Petr 5,4), es ist sein Hirtenamt, an dem die „Pastoren" teilnehmen, oder sie verderben das Amt und die Herde. Dass es sich um *den* guten Hirten schlechthin handelt und nicht um einen Hirten unter anderen, wird sofort an dem ungewöhnlichen Tun deutlich, das dieser sich zuschreibt. Nicht von Weiden, Tränken, Helfen wird gesprochen, sondern „der gute Hirte (beachte wiederum die Artikel!) gibt sein Leben für die Schafe". Mit Recht sagt Steinmeyer: „Allerdings nimmt sich der Hirte mit aller Treue seiner Herde an. Allein sich für sie aufzuopfern, fordert seine Hirtenpflicht nimmermehr von ihm." Jesus aber nennt sich darum den guten Hirten, weil er für seine Schafe stirbt. Das gilt allein von *dem* guten Hirten. Von Jesus her verstanden, gewinnt dieser Satz aber eine noch viel reichere Bedeutung: *Erstens*, wenn Jesus von der Hingabe seines Lebens als etwas Gegenwärtigem spricht (Präsens!), dann dürfen wir mit Bengel sagen: „Jenes ganze Leben war ein Gehen zum Tode". *Zweitens*, wenn Jesus seinem Tode die Bedeutung „für die Schafe" gibt, dann ist in diesem Sterben die eine, endgültige, rettende Tat für die Herde zu sehen, und zwar als frei dargebrachtes, nicht erzwungenes Tun. *Drittens*, wenn das Sterben des Hirten den Schafen zugutekommt, so ist damit zwar nicht bestritten, dass Jesus für alle Menschen starb, aber es ist darauf hingewiesen, dass nur die Schafe seiner Herde an der Frucht dieses Sterbens teilhaben werden. Der Blick fällt nicht auf die Welt, sondern allein auf die Wohltat Jesu an seiner Gemeinde. Der gute Hirte und seine Gemeinde gehören zusammen.

„Der Mietling aber" – was unterscheidet ihn vom Hirten? Dass die Schafe nicht sein Eigen sind. Sie gehören ja dem guten Hirten allein. Weil sie sein Eigentum sind, an dem sein Hirtenleben hängt, darum lässt er sich von ihnen niemals trennen, sondern rettet sie noch durch seinen Tod. Der Miet-ling aber ist ein Mietling (Vers 13), er dient nur um des Soldes willen, darum verlässt er die Herde in der Stunde der Gefahr und flieht. Es kann lange Zeit ein Mietling dem Hirten täu-schend ähnlich sehen. Aber in der Stunde der Gefahr muss es an den Tag kommen. Warum sollte auch der Mietling bei der Herde bleiben? Nichts kann ihn halten, wenn er seinen Gewinn gefährdet sieht. Was geht es ihn an, dass der Wolf in die Herde einbricht, die einen raubt und tötet, die andern zerstreut, dass sie nicht mehr zueinander finden und einsam, elend und schutzlos untergehen müssen? So wird es der Wolf, der Feind der Gemeinde Jesu, immer tun. Einzelne packt er, die andern zerstreuen sich – aber was geht das den Mietling an, dem ja nicht die Herde, sondern nur sein eigenes Leben und sein Sold gehört. Er flieht – „denn er ist ein Mietling". Ist jeder, der flieht, ein Mietling? Nein, auch die Propheten und Apostel flohen, auch Jesus befahl seinen Jüngern die Flucht, wenn sie um des rechten Dienstes willen nötig wurde. Nicht jeder, der flieht, ist ein Mietling, aber gewiss ist es, dass jeder Mietling flieht. Auch das ist Flucht, wenn man schweigt, wo man reden sollte, wenn man unterlässt, was man tun sollte. So gewiss der gute Hirte für seine Schafe stirbt, so gewiss flieht der Mietling. Auch der treueste Pastor ist nicht der gute Hirte; aber weil er weiß, dass „seine" Gemeinde nicht seine, sondern des Herrn Jesu eigene Gemeinde ist und dass Jesus für diese Gemeinde gestorben ist und allein ihr guter Hir-te ist, so lässt er Jesus weiter allein den guten Hirten seiner Gemeinde sein und flieht nicht. Der Pastor aber, dem sein Amt, der sich selbst, dem sein Gewinn wichtiger ist als die Gemeinde des guten Hirten, der ist ein Mietling und flieht, manchmal vielleicht gerade, indem er bei „seiner" Gemeinde, die er für sein Eigentum hält, bleibt. – An dieser Stelle könnte auf das Hirtenamt des evangelischen Predigers hingewiesen werden.

2. Vers 14.15. Beachte die Gewichtigkeit des neuen Einsatzes! Das Zweite, was Jesus, der gute Hirte, von sich sagt, ist, dass er die Seinen kennt. Das scheint etwas Geringes und ist doch das Allergrößte. Das ermessen wir, wenn wir bedenken, was es hieße, wenn Jesus uns nicht kennte, wenn er zu uns spräche: „Ich habe euch nie erkannt" (Mt 7,23; 25,41). Das wäre unser Ende, unsere Verdammnis, unsere ewige Trennung von ihm. Darum bedeutet von Jesus erkannt sein, unsere Seligkeit und Gemeinschaft mit ihm. Jesus erkennt nur die, die er liebt, die zu ihm gehören, die Seinen (2Tim 2,19). Er erkennt uns als die Verlorenen, als die Sünder, die seine Gnade brauchen und empfangen, und indem er uns erkennt als die begnadigten Sünder, die er zu seinem Eigentum gemacht hat, indem wir uns von ihm und von ihm allein erkannt wissen, gibt er sich uns zu erkennen und erkennen wir ihn als den, dem wir allein gehören in Ewigkeit (Gal 4,9; 1Kor 8,3). Der gute Hirte erkennt seine Schafe und nur sie; denn sie gehören ihm. Der gute Hirte und nur er erkennt seine Schafe; denn nur er weiß, wer in Ewigkeit ihm gehört. Die Schafe erkennen den guten Hirten und nur sie; denn sie allein wissen, wie gut er ist. Nur ihn erkennen sie als den guten Hirten; denn nur ihm gehören sie. Christus erkennen heißt, seinen Willen für uns und mit uns erkennen und tun, heißt Gott lieben und die Brüder (Joh 4,7 f; 4,20). Es ist die Seligkeit des Vaters, wenn er den Sohn als Sohn erkennt, und es ist die Seligkeit des Sohnes, dass er den Vater als Vater erkennt. Dieses gegenseitige Erkennen ist Liebe und Gemeinschaft. So ist es die Seligkeit des Heilandes, wenn er den Sünder als sein erworbenes Eigentum erkennt, und es ist die Seligkeit des Sünders, wenn er Jesus als seinen Heiland erkennt. Weil Jesus mit dem Vater (und den Seinen) in solcher Gemeinschaft der Liebe und des gegenseitigen Erkennens verbunden ist, darum kann der gute Hirte sein Leben lassen für die Schafe (beachte hier die erste Person!) und sich so die Herde zum ewigen Eigentum erwer-

ben. „Durch die Liebe, in der ich für die Schafe sterbe, zeige ich, wie sehr ich den Vater liebe" (Gregorius).

3. Vers 16. Weil Jesus allein die Seinen kennt, darum kann er allein es sagen, dass er Schafe seiner Herde hat mitten in der Heidenwelt. Nicht nur dem erwählten Volk gilt die Liebe und das Sterben des guten Hirten. Jesus, der gute Hirte, hat die Seinen auch dort, wo wir es am wenigsten meinen, wo bisher nichts ist als Gottesleugnung und Götzendienst. Jesus gehört nicht nur uns, und er ist nicht auf uns angewiesen. Das ist der Kirche zur Warnung vor Überhebung und zum Trost gesagt. Es gehört zum Auftrag des guten Hirten, dass er auch jene andern Schafe „führt"; es heißt wörtlich nicht „herführt", also nach Israel, sondern er muss sie „führen", d. h. erretten aus der Vereinzelung und Führerlosigkeit ihres Daseins. Der gute Hirte muss alle seine Schafe führen, damit sie den rechten Weg wissen und vor Gefahr und Schaden bewahrt werden. Es wird die Vollendung der Gemeinde Jesu sein, wenn sie alle seine Stimme hören. Keine andere Stimme wird dann etwas gelten, wird es vermögen, die Schafe in die Irre zu führen, keinem Einzigen wird die Stimme des guten Hirten verborgen bleiben, von ihrem Befehl, ihrer Weisung, ihrem Trost werden sie alle leben. Die Stimme des guten Hirten wird das Einzige sein, was alle vereint. Das Wort Gottes wird die Einheit der Kirche auf Erden sein. Nicht in Organisationen, nicht in Dogmen, nicht in Liturgien, nicht in frommen Herzen wird die Einheit der Kirche bestehen, sondern im Worte Gottes, in der Stimme Jesu Christi, des guten Hirten seiner Schafe. So wird die Hoffnung aller Gläubigen erfüllt werden. Alle Spaltung der Christenheit wird ein Ende haben, wenn sie alle seine und nur seine Stimme hören, wenn alles hinfällt, was neben dieser einen Stimme auch noch gehört sein und Beachtung fordern will. So werden sie alle eine Herde sein unter einem Hirten. Dann wird das Werk des guten Hirten auf Erden vollendet sein.

Die Beziehung des Evangeliums auf den Sonntag *Misericordias Domini* wird meist so gesucht, dass von der Barmherzigkeit des guten Hirten gepredigt wird. Das gibt jedoch dem Text eine Wendung, die geeignet ist, ihn in seiner Eigenheit nicht mehr ganz erkenntlich werden zu lassen. Man gerät hier leicht dahin, den Text durch ein herangetragenes Thema bestimmen zu lassen. Es ist also nicht als geraten anzusehen, den Sonntagsnamen thematisch für die Predigt auszuwerten. Jedoch empfiehlt sich eine gelegentliche Erinnerung an die innere Beziehung zwischen Sonntag und Text, die sachlich durchaus gerechtfertigt ist.

Der Tröster, sein Werk
und seine Gaben

Johannes 14,23-31

1. Pfingsttag 1940

[Jesus antwortete und sprach zu ihm: Wer mich liebt, der wird mein Wort halten; und mein Vater wird ihn lieben, und wir werden zu ihm kommen und Wohnung bei ihm machen. Wer aber mich nicht liebt, der hält meine Worte nicht. Und das Wort, das ihr höret, ist nicht mein, sondern des Vaters, der mich gesandt hat. Solches habe ich zu euch geredet, solange ich bei euch gewesen bin. Aber der Tröster, der Heilige Geist, welchen mein Vater senden wird in meinem Namen, der wird euch alles lehren und euch erinnern alles des, das ich euch gesagt habe. Den Frieden lasse ich euch, meinen Frieden gebe ich euch. Nicht gebe ich euch, wie die Welt gibt. Euer Herz erschrecke nicht und fürchte sich nicht. Ihr habt gehört, dass ich euch gesagt habe: Ich gehe hin und komme wieder zu euch. Hättet ihr mich lieb, so würdet ihr euch freuen, dass ich gesagt habe: „Ich gehe zum Vater"; denn der Vater ist größer als ich. Und nun habe ich es euch gesagt, ehe denn es geschieht, auf dass, wenn es nun geschehen wird, ihr glaubet. Ich werde nicht mehr viel mit euch reden; denn es kommt der Fürst dieser Welt, und hat nichts an mir. Aber auf dass die Welt erkenne, dass ich den Vater liebe und ich also tue, wie mir der Vater geboten hat: Stehet auf und lasset uns von hinnen gehen.]

Die alten Evangelien der beiden Pfingsttage bewahren uns davor, allgemeine Fest- oder Lehrpredigten zu halten. Diese schwierigen Texte lassen kein Abgleiten zu, sie erzwingen sich volle Aufmerksamkeit. Während die alte Epistel von dem ersten, einmaligen Pfingstereignis spricht, ist in unserm Evangelium von dem gegenwärtigen, bleibenden Pfingsten die Rede, von dem Pfingsten, wie es der Gemeinde zu allen Zeiten widerfährt. Es bedeutet keine Eintragung in diesen den Abschiedsreden Jesu entnommenen Text, wenn wir ihn als Pfingsttext hören. Es ist in der Tat von Pfingsten die Rede, wenngleich im Mittelpunkt des Textes nicht der Heilige Geist, sondern Jesu Christus, sein Hingang und seine Wiederkunft steht. Aber die hier gemeinte Wiederkunft ist eben sein Kommen im Heiligen Geist, also zu Pfingsten. So ist auch an Pfingsten *Jesus Christus, und zwar als der im Heiligen Geist Gegenwärtige*, und sonst nichts zu predigen. Das ist mit der Wahl dieser Perikope von der alten Kirche, die die erste Hälfte des Kirchenjahres streng als semestre domini feierte, deutlich und mit Recht ausgedrückt worden. Indem hier im Rahmen der Abschiedsreden von Pfingsten gesprochen wird, tritt weniger der Charakter des einmaligen Offenbarungsereignisses als der des *Bleibens Jesu bei seiner Gemeinde*, auch nach seinem Hingang, in den Vordergrund. Predigen wir diesen Text als Pfingstperikope, so dürfen wir, ohne ihm Gewalt anzutun, in drei Stücken von Pfingsten sprechen: 1. Von der Einwohnung des Vaters und des Sohnes in denen, die Jesus liebhaben. 2. Von der Sendung des Heiligen Geistes zur Lehre und zur Erinnerung an das Wort Jesu Christi. 3. Von den Gaben, die Jesus den Seinen gibt: Friede, Freude, Glaube. – Die Perikope beginnt mit Vers 23, so wird eine Einziehung von Vers 22 wegen des sonst schon überreichen Inhalts der Perikope nicht ratsam sein. Ebenso fällt Vers 31 b fort, wohl weil damit eine zu starke Wendung zur Passion hin gegeben sein würde.

1. Vers 23.24. Pfingsten wird es bei denen, die Jesus Christus lieben und sein Wort halten. Wie einst die Jünger einmütig beieinander waren, bevor das Brausen vom Himmel geschah, so wird es auch heute Pfingsten überall, wo Liebe zu Jesus Christus ist. Wo man ihn aber liebt, dort wird auch sein ganzes Wort (beachte den Singular!), Verheißung und Gebot, bewahrt und festgehalten. Was heißt Jesus lieben? Ihm, der uns sein Wort gegeben und gehalten hat, allein gehören wollen, die Gemeinschaft mit ihm mehr als alles andere suchen, seine Gegenwart begehren. Wer so liebt, hält das Wort des Geliebten fest, klammert sich daran, lässt es nicht los, tut es, wo er nur kann. Solche Liebe zu Jesus aber soll die vollkommenste Erfüllung erfahren. Die ganze Liebe Gottes, des Vaters Jesu Christi, wird sich an dem vollenden, der den Sohn Gottes liebt: Gott und Jesus Christus kommen zu ihm und *machen Wohnung in ihm.* Wer Jesus liebt, dessen Leib, Seele und Geist werden zur heiligen Wohnung, zum Tempel Gottes und Christi auf Erden. Jesu Kommen im Fleisch galt der Welt, sein Kommen im Geist gilt denen, die ihn lieben. Hier darf nichts abgeschwächt oder weggedeutet werden. Es geht um die wirkliche, volle Einwohnung Gottes und Christi im Menschen. Nicht ist es wie das Bild eines geliebten Menschen, das von uns Besitz ergreift, nicht wie eine neue Kraft, die uns erfüllt, sondern es ist der persönliche Gott und Christus selbst, die in uns wohnen. Gott und Christus sind nicht nur mit uns, bei uns, um uns, über uns, sondern – in uns. Es sind nicht die Gaben Gottes und Christi, die wir empfangen, sondern wir werden Gottes und Christi selbst teilhaftig, wir tragen sie als das höchste Heiligtum in uns. Es ist hier auch nicht die Gemeinde, sondern wirklich der Einzelne, dem das gilt. Weit über das hinaus, was die Jünger an Jesus in seinen Erdentagen hatten, geht diese Verheißung, die allen gilt, die ihn lieben. Nicht weniger, sondern unvergleichlich mehr gibt Jesus den Seinen, als er von ihnen geht. Wenn Gott und Christus in uns

Wohnung machen, dann müssen alle andern Herren, denen wir Raum in unserm Herzen gegeben haben, weichen. Christus selbst lebt und regiert jetzt in uns, von nun an wird unser Leben ein Christusleben in uns. Aber freilich nur dann wird das alles wahr und nur dann können wir es bezeugen, wenn wir den Herrn Christus lieben und sein Wort halten. Je mehr sich unser Leben nach Christus ausstreckt, desto mehr wird Christus in uns eingehen. Je mehr wir unser ganzes Heil bei ihm und nicht in uns suchen, je mehr wir ihn den Herrn über uns sein lassen, desto völliger wird er in uns sein und von uns Besitz ergreifen. Wer ihn aber nicht liebt, sondern sich selbst, wer Christus wohl genießen, aber ihm nicht dienen und gehorchen will, der hält auch seine Worte (beachte den Plural!) nicht, dem wird darum auch nichts von all dem widerfahren; denn das Wort Christi (beachte den Singular! Das eine, ungeteilte Wort tritt den aufgespaltenen Worten gegenüber!) ist das Wort des Vaters, und nur dem Halten des Wortes Christi schenkt Gott seine selige Gegenwart.

Es ist in der Predigt zu beachten, dass Johannes hier den uns geläufigeren Gedanken, dass nur der Jesus lieben kann, den der Vater liebt und „zieht" und von dem Jesus schon Besitz ergriffen hat, durch den andern Gedanken ergänzt, dass Gott unsere Liebe zu Jesus nicht unbeantwortet und unerfüllt lässt (agapesei – Futurum!). „Ich liebe, die mich lieben" (Spr 8,17).

Es ist ferner zu beachten, dass die Einwohnung Christi zwar der Liebe als Erfüllung verheißen wird, dass sie aber nur möglich wird durch den Glauben, wie Eph 3,17 entscheidend ergänzt. Nur wo der Glaube die iustitia extra nos ergreift, wird Christus in nobis sein.

2. Vers 25.26. Mit dieser Verheißung der Einwohnung sagt Jesus, dass er bei seinen Jüngern bleibt (so lässt sich jedenfalls das par' hymin menon auch verstehen!) trotz seines Hinganges. Das aber geschieht so, dass der Vater im Namen Jesu den Beistand, den *Heiligen Geist senden* wird. Nur im Namen Jesu kommt der Heilige Geist, vom Vater und vom Sohne (filioque). Wie sich die Einwohnung des Vaters und des Sohnes zu der Sendung des Heiligen Geistes verhält, wird nicht ausgeführt. Es bleibt nebeneinander stehen, doch darf nicht übersehen werden, dass bei der Einwohnung stärker an den Einzelnen, hier aber an die Jüngerschaft gedacht ist. Der Paraklet (der „Herbeigerufene" und der „Fürsprecher" = advocatus), der Beistand, kommt zur Gemeinde. Der Heilige Geist ist nicht eine neutrische Kraft (wie die Pneumatomachen lehrten), sondern Person wie der Vater und der Sohn (ho parakletos). (Bei dieser Gelegenheit wäre ein Hinweis darauf, dass wir öfter um den Heiligen Geist statt um „Kraft" bitten sollten, angebracht). Er leistet der Gemeinde Beistand und ist so auch ihr „Tröster". Zweifach ist das Amt des Heiligen Geistes: *lehren* und *erinnern*. Die Gemeinde bedarf auf ihrem Wege durch die Welt immer neu der Weisung und der Erkenntnis. Neuen Feinden, neuen Fragen, neuen Nöten gegenüber hat die Gemeinde am Heiligen Geist ihren Lehrer, der sie „alles lehrt". In keinem Stücke, das für sie wichtig ist, wird sie ohne Weisung und Erkenntnis bleiben, und sie darf dieser Erkenntnis gewiss werden, weil der Heilige Geist und nicht Menschenvernunft ihr Lehrer ist. So wird die Kirche im Laufe ihrer Geschichte auch neue Erkenntnisse empfangen, sie wird nicht aufhören zu lernen und auf den Heiligen Geist zu hören. Der Heilige Geist ist nicht toter Buchstabe, sondern der lebendige Gott. So darf sich die Gemeinde in jeder Entscheidung dem Heiligen Geist anvertrauen und fest glauben, dass er gegenwärtig an ihr und in ihr wirkt und uns nicht im Dunkeln tappen lassen wird, wenn wir nur ernstlich seine Lehre hören wollen. Alle Lehre des Heiligen Geistes aber bleibt gebunden an das Wort Jesu. Das Neue steht fest auf dem Alten. So tritt zur Lehre das Erinnern. Wäre nur Erinnerung in der Kirche, so verfiele sie einer toten Vergangenheit; wäre nur Lehre da ohne Erinnerung, so wäre die Kirche der Schwärmerei ausgeliefert. So übt der Heilige Geist als der rechte Beistand der Gemeinde beides, er führt die Kirche vorwärts und er hält sie zugleich fest bei Jesus (vgl. Mt 13,52).

3. Vers 27-31. Zu der Einwohnung des Vaters und des Sohnes und der Sendung des Heiliges Geistes kommen nun die Gaben, die Jesus den Jüngern gibt, als er sie verlässt. Zuerst der *Friede.* Damit die Jünger wissen, was hier gemeint ist, sagt Jesus es in deutlicher Wiederholung, dass es Sein Friede ist, den er den Seinen gibt. Wie leicht konnte sonst hier Täuschung und falsche Hoffnung entstehen! Es ist der Friede dessen, der auf Erden nicht hatte, da er sein Haupt hinlegte, und der ans Kreuz musste. Es ist der Friede mit Gott und den Menschen auch dort, wo Gottes und der Menschen Zorn uns zu vernichten drohen. Nur dieser Christusfriede hat Bestand. Was die Welt anbietet, kann nur ein Traum sein, aus dem wir voll Verwirrung und Furcht aufwachen müssen. Wer aber den Frieden Jesu Christi empfängt, der braucht sich nicht mehr verwirren und Furcht einjagen zu lassen, wenn die friedlose Welt in Aufruhr gerät. Das ist der Friede, den Jesus seiner Gemeinde gibt, und kein anderer als er kann ihn geben.

Die zweite Gabe ist die *Freude.* Indem Jesus zum Vater geht, der größer ist als er (man hüte sich hier vor arianischen Gedanken!), weil er in der Herrlichkeit und Verklärung ist, gibt er denen, die ihn liebhaben, Freude; denn nun wird ihr Herr selbst verklärt und verherrlicht. Ist das Herz der Jünger wirklich bei Christus, so nehmen sie in anbetendem Jubel an seiner Verherrlichung teil; denn sie wissen auch, dass der Verklärte wiederkommt und bei ihnen bleiben wird (beachte, dass hier die Wiederkunft der Gemeinde gilt!). Das ist die Christusfreude der Gemeinde.

Die Verheißung Jesu schenkt den Seinen Kraft des *Glau-*

bens. Das ist die dritte Gabe. Es geschieht nichts als was der Herr vorhergesagt hat. Es geht alles nach seinem Wort. Der Fürst dieser Welt wird kommen, aber er wird nichts gegen ihn vermögen, weil er an Jesus keine Sünde finden wird. Nicht aus Macht des Teufels, sondern zum Zeichen für die Welt, dass Jesus seinen Vater liebt und ihm allein bis in den Tod gehorsam ist, wird Jesus ans Kreuz gehen. In dem allen aber weiß die Gemeinde durch das Wort Jesu, dass ihr Herr zu seinem Vater geht und wiederkommt. Sie glaubt seinem Wort und wartet auf seine Verheißung. In diesem Christusglauben aber und in ihm allein hat die Gemeinde den Christusfrieden und die Christusfreude. Im Glauben ist sie der Sendung des Heiligen Geistes gewiss und empfängt sie den Vater und den Sohn, der in denen Wohnung machen wird, die Jesus Christus lieben und sein Wort halten.

Auf dem Wege zu den Menschen nicht mehr aufzuhalten

Johannes 20,19-31

Quasimodogeniti 1940

[Am Abend aber desselben ersten Tages der Woche, da die Jünger versammelt und die Türen verschlossen waren aus Furcht vor den Juden, kam Jesus und trat mitten ein und spricht zu ihnen: Friede sei mit euch! Und als er das gesagt hatte, zeigte er ihnen die Hände und seine Seite. Da wurden die Jünger froh, dass sie den Herrn sahen. Da sprach Jesus abermals zu ihnen: Friede sei mit euch! Gleichwie mich der Vater gesandt hat, so sende ich euch. Und da er das gesagt hatte, blies er sie an und spricht zu ihnen: Nehmet hin den heiligen Geist! Welchen ihr die Sünden erlasset, denen sind sie erlassen; und welchen ihr sie behaltet, denen sind sie behalten. Thomas aber, der Zwölf einer, der da heißt Zwilling, war nicht bei ihnen, da Jesus kam. Da sagten die andern Jünger zu ihm: Wir haben den Herrn gesehen. Er aber sprach zu ihnen: Es sei denn, dass ich in seinen Händen sehe die Nägelmale und lege meinen Finger in die Nägelmale und lege meine Hand in seine Seite, will ich's nicht glauben. Und über acht Tage waren abermals seine Jünger drinnen und Thomas mit ihnen. Kommt Jesus, da die Türen verschlossen waren, und tritt mitten ein und spricht: Friede sei mit euch! Darnach spricht er zu Thomas: Reiche deinen Finger her und siehe meine Hände, und reiche deine Hand her und lege sie in meine Seite, und sei nicht ungläubig, sondern gläubig! Thomas antwortete und sprach zu ihm: Mein Herr und mein Gott! Spricht Jesus zu ihm: Dieweil

du mich gesehen hast, Thomas, so glaubest du. Selig sind, die nicht sehen und doch glauben! Auch viele andere Zeichen tat Jesus vor seinen Jüngern, die nicht geschrieben sind in diesem Buch. Diese aber sind geschrieben, dass ihr glaubet, Jesus sei Christus, der Sohn Gottes, und dass ihr durch den Glauben das Leben habet in seinem Namen.]

1. Vers 19-20. Am Morgen war das Wunder geschehen. Am Abend sind die Jünger zusammen, und als sich mit der hereinbrechenden Nacht die Schatten der Unruhe auf die Jünger legen wollen, als man vorsichtig die Türen verschließt, um angesichts der neuen Lage vor den erregten Juden sicher zu sein – ohne freilich daran zu denken, dass man damit dem Herrn die Türe verschließen könnte –, „kam Jesus und trat mitten unter sie". Seltsam, dass wir immer wieder in der Stunde, in der wir Jesu Gegenwart am sehnlichsten erhoffen, ihm aus Furcht vor allerlei andern Dingen die Türe verschließen. Aber weit wunderbarer, dass Jesus sich durch diese verschlossenen Türen nicht hindern lässt. Der Auferstandene lässt sich durch die Menschen auf seinem Weg zu den Menschen nicht mehr aufhalten. Sein neuer Leib behindert und beschränkt ihn nicht mehr, wie unser Leib es tut, sondern Jesu Leib ist nun das vollkommene Werkzeug seines Geistes geworden. Der Auferstandene tritt unter seine furchtsamen Jünger. Er spricht: *„Friede mit euch".* Gewiss, damals der alltägliche Gruß und ein guter Gruß dazu; denn es ist in ihm alles enthalten, was Menschen einander zum Gruß sagen können. Aber es ist ja schon bei uns ein Unterschied, wer einen Gruß ausspricht. Der fromme Gruß einer Mutter, eines altgewordenen Christen hat ein anderes Gewicht, als wenn irgendeiner ihn formelhaft gebraucht. „Friede mit euch" – (statt „sei" wäre hier besser „ist" zu ergänzen!) –, das heißt im Munde des Auferstandenen: Ende aller eurer Furcht, Ende der Herrschaft der Sünde und des Todes über euch, ihr habt nun Frieden mit Gott, mit den Menschen und darum mit euch selbst. So spricht der, der selbst für uns diesen Frieden errungen hat, und wie zum sichtbaren Zeichen der geschlagenen Schlacht und des gewonnenen Sieges zeigt er seine durchbohrten Hände und seine verwundete Seite. „Friede mit euch" – das heißt: Er, der selber dieser Friede ist, Jesus Christus ist mit euch, der Gekreuzigte und Auferstandene. Wort und Zeichen des lebendigen Herrn machen die Jünger froh. Die Gemeinschaft mit dem Herrn ist nach bangen, dunklen Tagen wiedergefunden.

2. *Vers 21-23.* Es gibt aber keine Gemeinschaft mit Jesus, die nicht sogleich *in den Dienst stellt.* Nur im Dienst Jesu erfüllt sich die Gemeinschaft mit ihm. Das hat Jesus seinen Jüngern immer gesagt (vgl. Joh 15,1 ff). Nun eröffnet er ihnen als der Verklärte die höchste Sendung, in der sie die Gemeinschaft mit ihm bewähren sollen. „Ich sende euch" (Präsens!). Die Sendung der Jünger durch Jesus gleicht der Sendung Jesu durch den Vater. Jesus legt sein Werk in die Hände seiner Jünger, bevor er zum Vater geht. Derselbe Friede, der den Jüngern geschenkt ist, soll die Kraft ihres Dienstes sein. Darum spricht Jesus „abermals" zu ihnen: „Friede mit euch". Der Friede, der aus der Auferstehung Jesu herkommt, ist wirksame Kraft für die Sendung. Auch hier tritt zum Wort das Zeichen. Jesus tut an seinen Jüngern, was der Schöpfer am ersten Menschen tat. Der Hauch des neuen Lebens und der neuen Sendung, der Hauch der Auferstehung, berührt, erfüllt die Jünger. Der mit Sünde und Tod gerungen hat, der vom gewonnenen Sieg, vom Auferstehungsmorgen herkommt, vermag es, den Jüngern zu bringen, was kein Mensch erwerben konnte: den Heiligen Geist. „Empfanget den Heiligen Geist". Hier gibt es kein Abschwächen und Wegdeuten. Es ist der Heilige Geist selbst, der Pfingstgeist, den der Auferstandene den Seinen gibt und durch den er sie für ihre Sendung ausrüstet. Das Werk Jesu kann nur im Besitz des Hei-

ligen Geistes getan werden. Es heißt: Sünden vergeben und behalten in göttlicher Vollmacht. Das war Jesu Tun auf Erden, das ist der Auftrag der Jünger und mit ihnen aller Gläubigen (vgl. Mt 16,19; 18,18). Was Jesus in den Augen der Frommen zum Räuber an Gottes alleiniger Ehre gemacht hatte, nämlich dass er Sünden vergab, das sollen nun seine Jünger tun. Was nur der durfte, der den Fluch der Sünde am eignen Leibe trug und doch ohne Sünde war, nämlich Sünden vergeben in Gottes Namen, das tun von nun an in seinem Namen und Geist die Jünger. Weil aber Vergebung der Sünden ein Geschenk der freien und reinen Gnade Gottes ist, darum muss dort, wo um der Verstockung des Herzens willen die Sünde nicht vergeben werden darf, die Sünde behalten werden, d. h. Gottes Gericht verkündigt werden. Sünden vergeben wollen, aber nicht Sünden behalten wollen, macht aus der göttlichen Vergebung ein menschliches Werk, eine Spielerei mit der Sünde. Die Verschleuderung der Gnade entehrt Gott und tut dem Menschen Schaden. Dennoch dient die Verkündigung des Gerichtes der Verkündigung der Gnade, das Behalten der Sünde der zukünftigen Buße, der Bekehrung und Vergebung. Sündenvergeben und Sündenbehalten soll der Jünger im Auftrag Christi mit großer Gewissheit und Freudigkeit; denn es ist das Werk seines Herrn, das ihm anvertraut ist. Er darf davor nicht zurückschrecken. Beides wird sich vollziehen in der öffentlichen Verkündigung des Wortes und in der persönlichen Beichte. Beides ist durchweht von dem Hauch des Auferstandenen. Weil Christus lebt und uns den Heiligen Geist gegeben hat, gibt es vollmächtige Predigt und Beichte.

3. *Vers 24–29.* Was hilft mir die Botschaft von dem herrlichsten Wunder, wenn ich es selbst nicht erfahren und prüfen kann? Tot ist tot und leichtgläubig macht der Wunsch die Menschen. So spricht der Zweifel zu jeder Zeit, und so denkt *Thomas,* der Jünger Jesu. Aus den wenigen Worten, die uns

von ihm erhalten sind (Joh 11,16; 14,5), kennen wir ihn als einen zu jedem Opfer bereiten Jünger, der aber seine Fragen, die er an Jesus hatte, offen bekannte und klare Antwort begehrte. Er hatte sich nach dem Tode Jesu von den andern Jüngern getrennt und war auch am Ostertag ferngeblieben. Er wollte sich nicht in kranke Schwärmerei hineinreißen lassen. „Ich werde es nicht glauben", sagt er hart, als ihn die Botschaft durch die andern Jünger erreicht, „ehe ich es selbst gesehen und betastet habe". Thomas hat recht, wenn er seinen Glauben entweder selbst finden oder gar nicht glauben will; aber der Weg, auf dem er ihn sucht, ist falsch. Trotz seiner Weigerung zu glauben, kommt Thomas am folgenden Sonntagabend in den Jüngerkreis. Das ist wichtig; denn es zeigt die Bereitwilligkeit des Thomas, sich überzeugen zu lassen, zeigt die Aufrichtigkeit seines Zweifels. Es ist dennoch die freie Gnade des Auferstandenen, die nun auch dem Einzelnen nachgeht, den Zweifelnden überwindet und in ihm den Osterglauben schafft. Jesus kommt, wiederum trotz verschlossener Türen. An der Wunderbarkeit seiner Gegenwart konnte darum kein Zweifel sein. Er spricht den Friedensgruß, der allen, aber diesmal wohl besonders dem friedlosen Herzen des Thomas, gilt. Jesus kommt um seines zweifelnden Jüngers willen. Er weiß alles, was in ihm vorgegangen ist, er kennt ihn durch und durch. Das geht aus seinem ersten Wort an Thomas hervor. Jesus stillt das zweifelnde Verlangen des Jüngers, indem er ihm gewährt, was er der Maria versagte (Joh 20,17). Es ist eben ein Unterschied, ob wir uns etwas nehmen wollen oder ob der Herr uns etwas gibt. Maria wird zurückgewiesen, Thomas darf hören, sehen und betasten. Unbegreifliche Herablassung des Herrn zu seinem zweifelnden Jünger, sich von ihm auf die Probe stellen zu lassen. „*Werde* nicht ungläubig, sondern gläubig" – Christus wirbt um seinen Jünger, noch ist die letzte Entscheidung nicht gefallen, wenn auch in bedrohlicher Nähe. Aber indem

Jesus den Jünger als noch nicht gegen ihn Entschiedenen anspricht, gibt er ihm Freiheit zur Umkehr. Ob Thomas seine Hand auszustrecken gewagt hat, bleibt unausgesprochen. Es ist nicht wichtig. Wichtig ist, dass in Thomas der Osterglaube durchbricht: „Mein Herr und mein Gott". Das ist das ganze Osterbekenntnis. So hatte vor diesem Zweifler noch keiner gesprochen. Die Überwindung ist vollständig. Die Antwort Jesu preist nicht den Zweifel, nicht das Schauen und Tasten, sondern allein den Glauben selig. Auf dem, was wir sehen, kann der Glaube nicht ruhen und gewiss werden, sondern allein auf dem Worte Gottes. Millionen von Zweiflern werden nach Thomas kommen. Ihr Zweifel wird nicht durch Sehen und Tasten überwunden werden, sondern durch das Zeugnis von dem lebendigen Christus. Auch Thomas konnte nicht seinen Augen und Händen trauen, sondern Christus allein. Darum das Schweigen über das, was er tat, und der schlichte Bericht über sein Osterbekenntnis.

4. Vers 30-31. Ist uns weniger gegeben als den Jüngern, als Thomas? Macht uns Jesus den Zugang zu sich schwerer? Sind es nicht nur Bruchstücke der Taten Christi, die uns überliefert sind, sodass uns der volle Reichtum seiner Wunder, wie ihn die Jünger erfuhren, entgeht? Johannes sagt: Zwar tat Jesus unendlich viel mehr, als wir Heutigen wissen, aber es ist genug, was uns aufgeschrieben ist, genug im Hinblick auf das Eine, worauf es ankommt: dass wir glauben, Jesus sei der Christus, Gottes Sohn, und wir haben in seinem Namen das ewige Leben. Um uns zu diesem Glauben zu helfen, setzt er uns Wort und Zeichen, Predigt und Sakrament. Mehr empfingen die Jünger auch nicht, auch Thomas nicht. Was sie sahen, Jesus in seiner Armut, seinem Tod und seiner verklärten Gestalt, war dem Zweifel nicht weniger ausgesetzt, als was wir sehen. Nur indem sie Ihm selbst glaubten, hatten sie ihn zum Herrn. Nur auf ihn, wie sie ihn glaubten und nicht sahen, nämlich als den Christus, den Sohn Gottes, nicht aber auf ihn als irgendeine überirdische Erscheinung, konnten sie ihr Leben gründen und so in seinem Namen ewiges Leben haben. Eben dazu aber ist auch uns Wort und Sakrament geschenkt, dass wir glaubend und nicht sehend selig werden.

Die Beziehung auf den Sonntag *Quasimodogeniti* ergibt sich zwanglos unter den drei Gesichtspunkten, dass die Auferstehung Jesu unser neues Leben ist, dass wir von nun an im Dienst Jesu leben, und dass beides nur im Glauben für uns wirklich wird.

Anmerkungen

1   Die Überschriften für die Bibelarbeiten, Predigten und Medita-
    tionen stammen nicht von Dietrich Bonhoeffer selbst, sondern
    sind den beiden Bänden: Dietrich Bonhoeffer, Predigten – Ausle-
    gungen – Meditationen 1925–1935, Bd. 1, hg. von Otto Dudzus,
    Gütersloh ²1998 und ders., Predigten – Auslegungen – Meditati-
    onen 1935–1945, Bd. 2, hg. von Otto Dudzus, Gütersloh ²1998
    entnommen.

2   Friedhardt Gutsche, Art. Bibelarbeit, in: ELThG, Bd. 1, Holzger-
    lingen 2017, 874.

3   Dietrich Bonhoeffer, Illegale Theologenausbildung: Finkenwalde
    (1935–1937), hg. von Otto Dudzus/Jürgen Henkys, DBW, Bd. 14,
    Gütersloh 1996, 255.

4   Jan Hermelink, Art. Predigtvorbereitung/Predigthilfen, in: RGG,
    Bd. 6, 4. Auflage, Tübingen 2003, 1608f.

5   Die meisten der folgenden Überlegungen habe ich zuerst ausführ-
    lich veröffentlicht in meinem Buch: Bonhoeffer als Praktischer
    Theologe, Göttingen 2006, 85–92.

6   Eberhard Bethge, Gottesdienst in einem säkularen Zeitalter – wie
    Bonhoeffer ihn verstand, in: ders., Ohnmacht und Mündigkeit.
    Beiträge zur Zeitgeschichte und Theologie nach Dietrich Bonhoef-
    fer, München 1969, 117; Hervorhebungen im Text.

7   DBW, Bd. 14, 402 (Vortrag über „Vergegenwärtigung neutesta-
    mentlicher Texte"); Hervorhebungen im Text.

8   So die Formulierung Bonhoeffers in der aus Finkenwalder Vorle-
    sungen entstandenen „Nachfolge" (Dietrich Bonhoeffer, Nachfol-
    ge, hg. von Martin Kuske/Ilse Tödt, DBW, Bd. 4, Gütersloh ²1994,
    52; Hervorhebungen im Text).

9   Die Predigtlehre ist nach einer Mitschrift abgedruckt in: DBW, Bd.
    14, 478–530. Die folgenden Seitenzahlen im Text beziehen sich auf
    diesen Abdruck.

10 A.a.O., 399–421 (Vortrag über „Vergegenwärtigung neutestament-
    licher Texte").

11 Zum Problem der Auslegung des Alten Testaments durch Bon-
    hoeffer vgl. im Einzelnen Ernst Georg Wendel, Studien zur Ho-

miletik Bonhoeffers. Predigt, Hermeneutik, Sprache (Hermeneutische Untersuchungen zur Theologie, Bd. 21), Tübingen 1985, 83–112; Hannelis Schulte, In den Tatsachen selbst ist Gott. Die Bedeutung des Alten Testaments für die christliche Verkündigung nach D. Bonhoeffers letzten Briefen, in: Ev. Theologie 22, 1962, 441–448; Martin Kuske, Das Alte Testament als Buch von Christus. Dietrich Bonhoeffers Wertung und Auslegung des Alten Testaments, Göttingen 1971.

12 Dietrich Bonhoeffer, Widerstand und Ergebung. Briefe und Aufzeichnungen aus der Haft, hg. von Christian Gremmels u.a., DBW, Bd. 8, Gütersloh 1998, 500f.

13 Vgl. dazu die Lehre von der dreifachen Gestalt des Wortes Gottes bei Karl Barth (KD I, 1, München 1932, § 4). Zwar in der formalen Struktur ähnlich, sind Bonhoeffers Überlegungen zum einen stärker praktisch ausgerichtet und zum anderen – anders als Barth – an den Unterschieden in der Bibelbetrachtung interessiert.

14 Eberhard Bethge, Dietrich Bonhoeffer. Theologe, Christ, Zeitgenosse. Eine Biographie, Gütersloh [8]2004, 508.

15 Vgl. dazu Peter Zimmerling, Evangelische Spiritualität. Wurzeln und Zugänge, Göttingen [2]2010, 27–31.

16 Sabine Bobert-Stützel, Dietrich Bonhoeffers Pastoraltheologie, Gütersloh 1995, 212f.

17 Vgl. Jürgen Henkys in seinem Nachwort zu DBW, Bd. 14, 1012f.

18 Vgl. Dietrich Bonhoeffer, Gemeinsames Leben/Das Gebetbuch der Bibel. Eine Einführung in die Psalmen, hg. von G.L. Müller/ Albrecht Schönherr, DBW, Bd. 5, München 1987, 48f.

19 Ernst Lange, Zur Aufgabe christlicher Rede, in: ders., Predigen als Beruf. Aufsätze zu Homiletik, Liturgie und Pfarramt, hg. und mit einem Nachwort von Rüdiger Schloz, München 1982, bes. 57.

20 Dietrich Bonhoeffer, Ökumene, Universität, Pfarramt (1931–1932), hg. von Eberhard Amelung/Christoph Strohm, DBW, Bd. 11, Gütersloh 1994, 332 (Vortrag „Zur theologischen Begründung der Weltbundarbeit"); Hervorhebung im Text; das Zitat bei Lange, Zur Aufgabe christlicher Rede, 57.

21 A.a.O.

22 Bethge, Bonhoeffer, 506.

23 DBW, Bd. 14, 501.

24 Dietrich Bonhoeffer, DBW, Bd. 14, 255.

Von Dietrich Bonhoeffer sind erschienen:

Bleibt der Erde treu, Ausgewählte Predigten
336 Seiten, HC, ISBN Buch: 978-3-7655-0742-7
ISBN E-Book: 978-3-7655-7556-3

Du wartest jede Stunde mit mir
Die Briefe aus dem Gefängnis
400 Seiten, HC, ISBN Buch: 978-3-7655-1650-4
ISBN E-Book: 978-3-7655-7526-6

Aber bei dir ist Licht,
Gebete, Gedichte und Gedanken aus dem Gefängnis
160 Seiten, HC, ISBN Buch: 978-3-7655-0693-2
ISBN E-Book: 978-3-7655-7516-7

Gemeinsames Leben
144 Seiten, HC, ISBN Buch: 978-3-7655-0950-6
ISBN E-Book: 978-3-7655-7402-3

Nachfolge
320 Seiten, HC, ISBN Buch: 978-3-7655-0948-3
ISBN E-Book: 978-3-7655-7392-7

Schöpfung und Fall,
Theologische Auslegung von Genesis 1-3
128 Seiten, HC, ISBN Buch: 978-3-7655-0951-3
ISBN E-Book: 978-3-7655-7403-0

Die Psalmen, Das Gebetbuch der Bibel
96 Seiten, HC, ISBN Buch: 978-3-7655-1584-2
ISBN E-Book: 978-3-7655-7391-0